드림팀
히스토리

五輪歷史

드림팀. 말 그대로 '꿈의 팀'이다. 1992년 바르셀로나 올림픽 때 미국 농구 대표팀은 사상 처음 NBA 소속 올스타들을 출전시켜 정말 꿈에서나 볼 수 있는 플레이를 펼치며 우승했다. 당시 그들이 전 세계에 미친 영향력은 정말 어마어마했다. 그 이전까지 미국을 비롯한 몇몇 국가에서만 성행하던 '로컬 스포츠'였던 농구가 드림팀의 우승을 계기로 명실공히 '월드 와이드 스포츠'로 크게 성장하는 계기가 됐다. 그래서 '드림팀'이라는 닉네임은 오직 1992 바르셀로나 올림픽에 출전했던 그 농구팀에만 어울리는 단어다. 이후 NBA 올스타들이 계속 출전한 미국 대표팀은 2024년까지 9번의 올림픽 동안 8개의 금메달을 휩쓸었다. 2004년 동메달에 그친 '아테네 참사'를 계기로 2008년과 2012년, 리딤팀이 출격해 '농구 종가'의 명예를 회복했고, 2024년에는 '어벤저스 군단'이 출전해 그 전통을 이어갔다. 1992년부터 2024년까지 올림픽에 참가했던 미국 농구 대표팀의 모든 것을 알아본다.

THE DREAM TEAM

모든 종목 망라, 인류 스포츠 역사상 최고의 팀

1989년 4월 17일. 세계 스포츠 역사에서 매우 중요한 일이 결정됐다. 국제농구연맹(FIBA)에서 룰을 개정해 미국프로농구(NBA) 선수들이 올림픽에 출전할 수 있도록 길을 열어준 것이다.

FIBA는 이날, 룰 개정안을 56대13의 압도적 찬성으로 가결했다. 소련 등 동구권 국가들이 강력하게 반대했지만, 대세를 거스를 수는 없었다. '드림팀' 탄생의 불씨가 되는 순간이었다.

원래 '드림팀'이라는 명칭은 미국 스포츠 주간지 '스포츠 일러스트레이티드'의 농구 전문 칼럼니스트 잭 맥컬럼이 가장 먼저 사용했다. 그는 해당 매거진 1991년 2월 18일자에 1992년 바르셀로나 올림픽에 출전할 미국 프로농구 올스타에 대한 특집 기사를 게재하면서 '드림팀'이라고 이름을 붙였다. 그리고 당시 잡지사 편집인은 이 기사를 토대로 마이클 조던, 매직 존슨, 찰스 바클리, 칼 말론, 패트릭 유잉 5명이 포즈를 취한 사진과 함께 'DREAM TEAM'이라고 헤드라인을 뽑았다. 이 소식은 당시 TV, 라디오, 통신을 통해 삽시간에 전 세계로 퍼졌다.

이후 스포츠, 엔터테인먼트 쪽에서 전 세계적으로 무수히 많은 '드림팀'이 등장했다. 그러나 이 '원조 드림팀'을 넘지 못했다. 드림팀 하면 바로 1992년 미국 농구 대표팀이 떠오른다.

바르셀로나 올림픽에 출전한 드림팀은 그야말로 역대 최고의 스포츠팀이다. 농구뿐만 아니라 전 종목을 다 통틀어서도 마찬가지다.

1992년 드림팀이 올림픽에 참가한 이후 NBA는 북미대륙의 '로컬 스포츠'에서 '월드 와이드 스포츠'로 바뀐다. 그것도 '빛의 속도'로 말이다. 바르셀로나 올림픽 폐막 후 10년이 채 안 되는 시간에 NBA는 명실공히 축구에 이은 '넘버 2 스포츠'로 자리를 굳혀나갔다.

캐릭터 상품이 본격적으로 출시되기 시작했고, 아프리카, 남미 등 가난한 나라에서 축구가 아닌 농구를 하는 어린이들이 폭발적으로 증가했다. 마이클 조던은 팝의 황제 마이클 잭슨과 함께 '더블 MJ'로

불리며 전 세계 젊은이들의 '문화 아이콘'으로 자리매김했다.

오죽했으면 세계 최고 인기 종목인 축구의 유럽 5대 리그에서 등번호 시스템을 바꾸고, 반 바지 길이를 늘렸을까. 이건 모두 NBA의 영향 때문이다. 선수의 등 번호를 개인 고정으로 바꾼 건, 마킹 유니폼을 팔아 돈을 벌기 위한 것이었다. 반 바지 길이가 길어진 건 마이클 조던과 NBA 선수들, 그리고 흑인 문화의 영향이 컸다. 이들의 문화적 영향력이 전 세계 젊은이들에게 미쳤기 때문이다.

펠레의 브라질 축구 대표팀, 리오넬 메시의 FC 바르셀로나, 조 몬태나의 샌프란시스코 포티나이너스, 탐 브래디의 뉴잉글랜드 패이트리어츠(이상 NFL), 조 디마지오의 뉴욕 양키스(MLB) 등은 해당 종목 역대급 팀들로 꼽힌다. 이 팀들의 문화적 파급력 역시 절대 무시할 수 없다. 하지만, 1992년 드림팀의 그것과는 아예 비교가 안 된다.

미래의 미국 농구 대표팀 중 1992 드림팀보다 더 강한 팀이 등장할 수도 있다. 물론이다. 미래를 누가 알겠나. 하지만, 분명한 건 그 어떤 강팀이 등장하더라도, 1992년 드림팀처럼 짧은 기간에 전 세계적으로 문화적 영향력을 퍼트리는 건 구조적으로 불가능할 것이라는 점이다. 왜냐면 시대가 바뀌었기 때문이다.

현대 사회는 한, 두 가지 문화 이슈가 짧은 시간에 모든 것을 뒤덮을 수 있는 구조가 아니다. 사회는 더욱 다변화됐고, 사람들의 취미 생활은 더 정교해졌다. 미디어에서 어떤 스포츠 스타, 스포츠팀을 집중보도한다고 해서 거기에 몰빵하는 시대가 아니라는 얘기다. 원천적으로 불가능하다.

그러나 1990년대는 그게 가능했다. 레가시 미디어의 시대였고, 오늘날처럼 다양화, 전문화 된 취미 생활의 시대가 결코 아니었다. 그렇기에 전 세계적인 영향력을 아주 짧은 시간에 전파할 수 있었다.

세계 최고의 팀? 그건 문화적인 영향력이 가장 큰 팀을 말한다. 그렇기에 1992년 드림팀은 역대 최고의 스포츠팀이 될 수 있다.

TEAM 1992 SUMMARY

8전 전승 117.3득점 73.5실점 +43.8 엔트리 12명 평균 28.7세 204cm / 로테이션 9명 평균 28.6세 205cm / 베스트 5 평균 29.0세 203cm

Player's Functions

TEAM POTENTIAL

98점

1위

하프코트 세트오펜스 10점	트랜지션 오펜스 10점	하프코트 세트디펜스 10점	트랜지션 디펜스 9점	리바운드 9점
선수층 10점	선수 경험치 10점	감독 리더십 10점	인기, 스타성 10점	글로벌 영향 10점

*각 항목은 10점 만점, 평가는 올림픽에 참가한 1992~2024년 미국 대표 9개팀 사이의 상대평가

Ball Handlers
M.존슨
J.스탁턴
S.피펜

Pull-Ups
M.조던
C.바클리
C.드렉슬러

Catch & Shoot
M.조던
C.바클리
C.멀린

3 Pointers
C.멀린
C.바클리
L.버드

Slam Dunkers
M.조던
C.바클리
D.로빈슨

Free Throw
C.레이트너
K.말론
C.멀린

Rebounders
P.유잉
D.로빈슨
K.말론

1-1 Defenders
M.조던
S.피펜
D.로빈슨

Ball Stealers
M.조던
C.바클리
S.피펜

Key Passes
M.존슨
S.피펜
M.조던

Hustle Players
D.로빈슨
P.유잉
C.바클리

Rim Protectors
D.로빈슨
P.유잉

SQUAD & TACTICS

PF
찰스 바클리
칼 말론
크리스천 레이트너

C
패트릭 유잉
데이비드 로빈슨

SF
스카피 피펜
래리 버드
크리스 멀린

SG
마이클 조던
클라이드 드렉슬러

PG
매직 존슨
존 스탁턴

Chuck DALY 척 데일리

생년월일: 1930.07.20
출생지: 미국 펜실베니아주 케인시
사망: 2009.05.09

NBA의 손꼽히는 명장. 1955~1977년 대학 지도자로 경험을 쌓았고, 1978~1999년부에는 NBA 감독으로 명성을 떨쳤다. 필라델피아 코치와 클리블랜드 감독을 거쳐 1983년 디트로이트 감독으로 부임했다. 이곳에서 '배드 보이스'를 결성해 1989, 1990년 두 차례 NBA 우승을 경험했다. 1992년 바르셀로나 올림픽에 출전한 '드림팀'의 감독을 맡아 미국의 금메달을 이끌었다. NBA 75주년 기념행사 때 역대 가장 위대한 감독 15인에 이름을 올렸다. 2009년 5월, 향년 78세로 타계했다.

TS	MS	3PS	FT	LU	DK	ID	OD	ST	BL	ORG	OR3	ORB	DRG	DR3	DRB	PS	BH	BQ	SP	PO	ED	HS	OG
터프샷 성공율	중거리 슈팅	3점 슈팅	자유투 성공율	레이업 플로터	슬램 덩크	안쪽 수비	외곽 수비	스틸	블락	가드 공격RB	SF 공격RB	빅맨 공격RB	가드 수비RB	SF 수비RB	빅맨 수비RB	패스	볼 핸들링	농구 IQ	스피드 민첩성	파워	지구력	허슬 플레이	종합 평가

F 4 — Christian LAETTNER 크리스천 레이트너 PF-C

1969.08.17 / 211cm / 1992 드래프트 1R-3

듀크대 출신 1992-93시즌 신인 / 1992 NCAA 우승
1992 NCAA 올해의 선수 / 1992 올-어메리칸 퍼스트팀

1991-92시즌 듀크대 소속, NBA 기록 없음

항목	PTS	RB	AS	ST	BL
경기 평균	—	—	—	—	—
36분 기준	—	—	—	—	—

평점	TS	MS	3PS	FT	LU	DK	ID	OD	ST	BL

평점	ORB	DRB	PS	BH	BQ	SP	PO	ED	HS	OG

C 5 — David ROBINSON 데이비드 로빈슨 C

1991-92 샌안토니오 68경기 평균 37.7분

시즌 MVP 투표 3위 / 올-NBA 퍼스트팀 / 올-디펜시브 퍼스트팀
올해의 수비 선수상 / 올스타전 출전 / 득점 7위 / 리바운드 4위
스틸 5위 / 블락 1위 / 효율성 2위 / 윈셰어 4위

1991-92 샌안토니오 68경기 평균 37.7분

항목	PTS	RB	AS	ST	BL
경기 평균	23.2	12.2	2.7	2.3	4.5
36분 기준	22.2	11.6	2.5	2.2	4.3

평점	TS	MS	3PS	FT	LU	DK	ID	OD	ST	BL
	A	A-	C	C	B	A-	A+	D	A-	A+

평점	ORB	DRB	PS	BH	BQ	SP	PO	ED	HS	OG
	A	A-	D-	D-	B-	B+	A	B+	D+	A

C 6 — Patrick EWING 패트릭 유잉 C

1962.08.05 / 213cm / 1985 드래프트 1R-1

시즌 MVP 투표 5위 / 올-NBA 세컨드팀 / 올-디펜시브 세컨드팀
올스타전 출전 / 득점 5위 / 리바운드 8위 / 블락 4위
효율성 9위 / 윈셰어 6위

1991-92 뉴욕 82경기 평균 38.4분

항목	PTS	RB	AS	ST	BL
경기 평균	24.0	11.2	1.9	1.1	3.0
36분 기준	22.5	10.5	1.8	1.0	2.8

평점	TS	MS	3PS	FT	LU	DK	ID	OD	ST	BL
	A-	A	D	B-	C	A	A	D-	C-	A

평점	ORB	DRB	PS	BH	BQ	SP	PO	ED	HS	OG
	A-	A	D	D-	A-	D+	A	A+	A-	A-

F 7 — Larry BIRD 래리 버드 SF-PF

1956.12.07 / 206cm / 1978 드래프트 1R-6

시즌 MVP 투표 14위 / 올스타전 출전

1991-92 보스턴 45경기 평균 36.9분

항목	PTS	RB	AS	ST	BL
경기 평균	20.2	9.6	6.8	0.9	0.7
36분 기준	19.7	9.4	6.6	0.9	0.7

평점	TS	MS	3PS	FT	LU	DK	ID	OD	ST	BL
	A-	A	A	B+	B-	C	D-	B	B+	D+

평점	OR3	DR3	PS	BH	BQ	SP	PO	ED	HS	OG
	A-	A	C+	A+	D	D	B-	A	A	

F 8 — Scottie PIPPEN 스카티 피펜 SF-PG

1965.09.25 / 203cm / 1987 드래프트 1R-5

NBA 파이널 우승 / 시즌 MVP 투표 9위 / 올-NBA 세컨드팀
올-디펜시브 퍼스트팀 / 올해의 수비 선수상 투표 3위
올스타전 출전 / 윈셰어 8위

1991-92 시카고 82경기 평균 38.6분

항목	PTS	RB	AS	ST	BL
경기 평균	21.0	7.9	7.0	2.1	0.9
36분 기준	20.0	7.4	6.5	2.0	0.8

평점	TS	MS	3PS	FT	LU	DK	ID	OD	ST	BL
	A-	B+	C-	C+	A	A	B-	A+	B+	C

평점	OR3	DR3	PS	BH	BQ	SP	PO	ED	HS	OG
	B+	B-	B+	B	A	A-	C+	A+	A+	A

G 9 — Michael JORDAN 마이클 조던 SG-SF

1963.02.17 / 198cm / 1984 드래프트 1R-3

NBA 파이널 우승 / 시즌 MVP / 올해의 수비 선수상 투표 3위
NBA 파이널 MVP / 올-NBA 퍼스트팀 / 올-디펜시브 퍼스트팀
올스타전 / 득점 1위 / 스틸 6위 / 효율성 1위 / 윈셰어 1위

1991-92 시카고 80경기 평균 38.8분

항목	PTS	RB	AS	ST	BL
경기 평균	30.1	6.4	6.1	2.3	0.9
36분 기준	27.9	5.9	5.7	2.1	0.9

평점	TS	MS	3PS	FT	LU	DK	ID	OD	ST	BL
	A+	A	C-	A-	A+	A+	B-	A+	A	C

평점	ORG	DRG	PS	BH	BQ	SP	PO	ED	HS	OG
	C-	A	A+	A+	A+	B-	A	A+	A+	A+

G 10 — Clyde DREXLER 클라이드 드렉슬러 SG-SF

1962.06.22 / 201cm / 1983 드래프트 1R-14

NBA 파이널 준우승 / 시즌 MVP 투표 2위 / 올-NBA 퍼스트팀
올스타전 출전 / 득점 4위 / 효율성 6위 / 윈셰어 7위

1991-92 포틀랜드 76경기 평균 36.2분

항목	PTS	RB	AS	ST	BL
경기 평균	25.0	6.6	6.7	1.8	0.9
36분 기준	24.9	6.5	6.7	1.8	0.9

평점	TS	MS	3PS	FT	LU	DK	ID	OD	ST	BL
	A	B+	C+	C+	A	A+	D	B+	B+	D+

평점	ORG	DRG	PS	BH	BQ	SP	PO	ED	HS	OG
	A-	B	C	B-	B-	C	D	A-	A-	A-

F 11 — Karl MALONE 칼 말론 PF

1963.07.24 / 206cm / 1985 드래프트 1R-13

시즌 MVP 투표 4위 / 올-NBA 퍼스트팀 / 올스타전 출전
올해의 수비 선수상 투표 6위 / 득점 2위 / 리바운드 9위
효율성 3위 / 윈셰어 2위

1991-92 유타 81경기 평균 37.7분

항목	PTS	RB	AS	ST	BL
경기 평균	28.0	11.2	3.0	1.3	0.6
36분 기준	26.8	10.7	2.8	1.3	0.6

평점	TS	MS	3PS	FT	LU	DK	ID	OD	ST	BL
	A+	A	B-	B-	C	B-	A-	D	B-	D-

평점	ORB	DRB	PS	BH	BQ	SP	PO	ED	HS	OG
	A-	A	C	D	A-	C+	A+	A+	A+	A+

G 12 — John STOCKTON 존 스탁턴 PG

1962.03.26 / 185cm / 1984 드래프트 1R-16

시즌 MVP 투표 12위 / 올-NBA 세컨드팀 / 올스타전 출전
어시스트 1위 / 올-디펜시브 세컨드팀 / 어시스트 1위
스틸 1위 / 효율성 8위 / 윈셰어 5위

1991-92 유타 82경기 평균 36.6분

항목	PTS	RB	AS	ST	BL
경기 평균	15.8	3.3	13.7	3.0	0.3
36분 기준	15.6	3.2	13.5	2.9	0.3

평점	TS	MS	3PS	FT	LU	DK	ID	OD	ST	BL
	A	A	A-	B-	A	D-	D-	A	A	D

평점	ORG	DRG	PS	BH	BQ	SP	PO	ED	HS	OG
	D-	A	A+	A+	A	A-	A+	A+	A	

F 13 — Chris MULLIN 크리스 멀린 SF

1963.07.30 / 201cm / 1985 드래프트 1R-10

시즌 MVP 투표 6위 / 올-NBA 퍼스트팀 / 올스타전 출전
득점 3위 / 스틸 7위

1991-92 골든스테이트 81경기 평균 41.3분

항목	PTS	RB	AS	ST	BL
경기 평균	25.6	5.6	3.5	2.1	0.8
36분 기준	22.3	4.8	3.1	1.9	0.7

평점	TS	MS	3PS	FT	LU	DK	ID	OD	ST	BL
	A-	A-	A-	B+	B	D-	B+	B+	B	D-

평점	OR3	DR3	PS	BH	BQ	SP	PO	ED	HS	OG
	C	D-	C	B	D+	D	A+	A+	A-	

F 14 — Charles BARKLEY 찰스 바클리 PF-SF

1963.02.20 / 198cm / 1984 드래프트 1R-5

시즌 MVP 투표 12위 / 올-NBA 세컨드팀 / 올스타전 출전
득점 8위 / 리바운드 10위 / 효율성 4위 / 윈셰어 10위

1991-92 필라델피아 75경기 평균 38.4분

항목	PTS	RB	AS	ST	BL
경기 평균	23.1	11.1	4.1	1.8	0.6
36분 기준	21.6	10.4	3.8	1.7	0.5

평점	TS	MS	3PS	FT	LU	DK	ID	OD	ST	BL
	A-	A	D	C-	A	A	B+	C-	B+	D

평점	ORB	DRB	PS	BH	BQ	SP	PO	ED	HS	OG
	A-	A	B+	B+	A	B+	A-	A	A+	A

G 15 — Magic JOHNSON 매직 존슨 PG

1959.08.14 / 206cm / 1979 드래프트 1R-1

시즌 MVP 투표 2위 / 올-NBA 퍼스트팀 / 올스타전 출전
어시스트 2위 / 효율성 4위 / 윈셰어 4위
*매직 존슨은 1990-91시즌 직후 은퇴했다가 1995년 복귀했다.

1990-91 LA레이커스 79경기 평균 37.1분

항목	PTS	RB	AS	ST	BL
경기 평균	19.4	7.0	12.5	1.7	0.4
36분 기준	18.8	6.8	12.1	1.3	0.2

평점	TS	MS	3PS	FT	LU	DK	ID	OD	ST	BL
	A-	C+	C	A	A-	D-	C	C	A	A

평점	ORG	DRG	PS	BH	BQ	SP	PO	ED	HS	OG
	C	A-	A+	A+	A	C-	A	A	A	

*매직 존슨은 1990-91시즌 직후 은퇴했다가 올림픽 때 복귀했기에 은퇴 시점을 토대로 작성

MATCH SUMMARY 평균 43.8점 차 상대 압도, 감독은 출전 시간 배분만

이 팀은 이미 '금메달 팀'으로 도장이 "쾅!" 찍혀 있었다. 올림픽 개막전부터 미디어, 상대 팀, 농구 팬들 모두 이 팀이 무적이 될 것이라는 데 동의했다. 지구상에 처음 등장하는 NBA 올스타 미국 농구 국가대표팀. 이들은 농구 기술의 끝이 어디까지 갈 수 있는지 보여줬다. 미국은 바르셀로나 올림픽에서 상대에 일방적인 승리를 거두며 8전 전승으로 금메달을 획득했다. 누구나 예상했던 일이지만 그 파괴력과 인기는 정말 엄청났다.

1차전 상대는 아프리카의 앙골라. 1쿼터부터 일방적으로 앞선 끝에 116-48로 대승했다. 찰스 바클리가 24점으로 공격을 이끌었고, 매직 존슨이 10어시스트로 뒤를 받쳤다.

이어 유럽에서 가장 재능 있는 팀이었던 크로아티아와 맞붙었다. 앙골라전보다는 힘을 더 썼지만 초반부터 넉넉하게 앞서며 103-70으로 이겼다. 마이클 조던이 21점, 스카티 피펜이 9어시스트로 불스동료들이 '밀어주고 끌어준' 경기였다.

3차전인 독일전도 큰 어려움은 없었다. 선수들이 고르게 득점한 가운데 래리 버드가 19점으로 선봉장이 되었고, 조던이 12개의 어시스트를 동료들에게 연결했다. 결과는 111-68 승.

독일전 승리 후 이틀 뒤에는 남미의 브라질과 맞붙었다. 상대팀엔 오스카 슈미트라는 특급 슈터가 24점을 올리며 분전했다. 하지만 미국은 바클리 30점, 패트릭 유잉 9리바운드, 클라이드 드렉슬러 10어시스트 활약에 힘입어 127-83으로 완승했다.

5차전 상대는 개최국 스페인. '드림팀'의 폭격은 멈추지 않았다. 바클리 20점, 드렉슬러가 17점을 기록했고, 유잉과 칼 말론이 각자 10개씩 리바운드를 잡아내며 골밑을 지켰다. 결국, 미국이 122-81로 크게 이기고 예선 일정을 마무리했다.

8강전에서는 푸에르토리코를 만나 115-77로 쉽게 승리했다. 3점 슈터 크리스 멀린이 21점을 올렸고, 유일한 대학 선수였던 크리스천 레이트너가 오랜만에 나와 8리바운드를 따냈다.

준결승 상대 리투아니아는 대회 우승 후보 중 1팀이었다. 그러나 미국은 조던의 21점을 포함해 무려 9명이 두 자릿수 득점을 올리며 상대를 맹폭했고, 127-76 승리를 따냈다.

결승전 상대는 예선에서 한번 이미 붙어봤던 크로아티아였다. 미국은 1쿼터 한때 크로아티아에 리드를 내주기도 하는 등 초반엔 접전이었다. 그러나 2쿼터부터 점수차를 벌렸고, 최종적으로 117-85, 32점 차로 이겼다. 조던이 22점, 바클리가 17점, 유잉이 15점씩 기록했다.

미국은 8경기를 치르며 상대를 평균 43.8점차로 압도했다. 주축 선수 대부분이 20대 후반 최전성기의 나이였기에(매직과 버드는 빼고), 기술, 체력, 정신력 모든 면에서 정말 압도적이었다. 대회 최다 득점자는 바클리(평균 18.0점)였지만, 준결승전과 결승전에선 조던이 가장 많은 득점을 기록했다.

척 데일리 감독은 이 대회에서 단 한 번도 작전 타임을 부르지 않았다. 그는 그저 슈퍼스타들의 출전 시간을 적절히 조절해주는 일만 했다.

1992 OLYMPIC PERFORMANCE

USA NATIONAL TEAM vs. OPPONENTS PER GAME STATS

미국 vs 상대국

	독점점 ⊕	F↑ 필드골성공	FG% 필드골 %	3↑ 3점슛성공	3P% 3점슛 %	⊖ 자유투성공	FT% 자유투 %	OR 공격리바운드	RB 리바운드	A↑ 어시스트	😎 스틸	🏀 블락	↩ 턴오버	🔖 파울

117.3	⊕	73.5	46.1	F↑	27.1	57.8%	FG%	36.5%	6.8	3↑	7.5	40.0%	3P%	30.9%	18.3	⊖	12.9	72.6%	FT%	68.2%

11.8	OR	7.5	36.0	RB	22.5	29.9	A↑	13.6	21.9	😎	13.5	5.9	🏀	1.6	8.4	↩	15.1	18.9	🔖	20.6

1992 BARCELONA OLYMPIC RESULT

1992.07.26(일)	1Q	2Q	3Q	4Q	T	FG	3P	FT	RB	AS
미국	27	37	36	26	116	43-67	2-9	28-39	33	30
앙골라	7	9	18	14	48	17-68	9-38	5-13	18	3

미국 최다 : C.바클리 24점 / C.바클리 6RB / M.존슨 10AS
앙골라 최다 : P.모라이스, J.J.콘세이상 10점 / JJ.콘세이상 7RB / JJ.콘세이상 2AS

1992.07.27(월)	1Q	2Q	3Q	4Q	T	FG	3P	FT	RB	AS
미국	24	30	23	26	103	40-76	5-14	18-25	29	24
크로아티아	13	20	15	18	70	24-62	4-14	18-26	22	18

미국 최다 : M.조던 21점 / K.말론 5RB / S.피펜 9AS
크로아티아 최다 : D.페트로비치 19점 / D.라자 8RB / T.쿠코치 5AS

1992.07.29(수)	1Q	2Q	3Q	4Q	T	FG	3P	FT	RB	AS
독일	6	17	16	19	68	25-66	4-16	12-18	17	9
미국	22	26	25	28	111	48-80	5-16	10-15	25	34

독일 최다 : D.슈렘프 15점 / D.슈렘프 8RB / H.뢰들, D.슈렘프 2AS
미국 최다 : L.버드 19점 / K.말론 5.RB / M.조던 12AS

1992.07.31(금)	1Q	2Q	3Q	4Q	T	FG	3P	FT	RB	AS
브라질	21	20	14	28	83	31-83	9-24	12-17	28	21
미국	34	26	32	35	127	50-88	8-23	19-27	46	34

브라질 최다 : O.슈미트 24점 / A.도스산토스 9RB / M.지오우자 7AS
미국 최다 : C.바클리 30점 / P.유잉 9RB / C.드렉슬러 10AS

1992.08.02(일)	1Q	2Q	3Q	4Q	T	FG	3P	FT	RB	AS
미국	26	39	17	40	122	49-91	11-23	13-17	45	29
스페인	15	20	23	23	81	31-79	4-17	15-24	25	14

미국 최다 : C.바클리 20점 / P.유잉, K.말론 10RB / S.피펜 9AS
스페인 최다 : A.히메네스 23점 / A.히메네스, Q.안드레우 7RB / A.히메네스 6AS

1992.08.04(화)	1Q	2Q	3Q	4Q	T	FG	3P	FT	RB	AS
푸에르토리코	18	22	19	18	77	28-89	8-28	13-20	28	11
미국	23	44	18	30	115	41-81	12-26	21-25	43	35

푸에르토리코 최다 : J.오르티스, E.카시아노 13점 / J.오르티스 8RB / J.카터 4AS
미국 최다 : C.멀린 21점 / C.레이트너 8RB / S.피펜 8AS

1992.08.06(목)	1Q	2Q	3Q	4Q	T	FG	3P	FT	RB	AS
미국	29	20	37	41	127	52-86	6-11	17-26	40	29
리투아니아	8	22	13	23	76	26-76	10-33	14-16	18	23

미국 최다 : M.조던 21점 / D.로빈슨 8RB / M.존슨 8AS
리투아니아 최다 : S.마르셜로니스 20점 / A.사보니스 8RB / A.사보니스 2AS

1992.08.08(토)	1Q	2Q	3Q	4Q	T	FG	3P	FT	RB	AS
미국	23	33	34	28	117	47-69	5-13	20-24	27	24
크로아티아	22	20	14	29	85	30-64	9-17	14-17	19	18

미국 최다 : M.조던 22점 / P.유잉 6RB / M.존슨 6AS
크로아티아 최다 : D.페트로비치 24점 / D.라자 6RB / T.쿠코치 9AS

PLAYER STATS PER GAME

PLAYERS	G-GS	MP	FG	FGA	FG%	3P	3PA	3P%	2P	2PA	2P%	FT	FTA	FT%	ORB	DRB	TRB	AST	STL	BLK	TOV	PF	PTS
Charles Barkley	8-4	18.6	7.4	10.4	0.711	0.9	1.0	0.875	6.5	9.4	0.693	2.4	3.3	0.731	2.4	1.8	4.1	2.4	2.6	0.1	0.8	2.8	18.0
Michael Jordan	8-8	23.1	6.4	14.1	0.451	0.5	2.4	0.211	5.9	11.8	0.500	1.6	2.4	0.684	0.9	1.5	2.4	4.8	4.1	0.5	1.3	1.8	14.9
Karl Malone	8-4	17.3	5.0	7.8	0.645	0.0	0.0	—	5.0	7.8	0.645	3.0	4.0	0.750	1.5	3.8	5.3	1.1	1.5	0.6	0.5	1.3	13.0
Chris Mullin	8-2	21.6	4.9	7.9	0.619	1.8	3.3	0.538	3.1	4.6	0.676	1.4	1.8	0.786	0.1	1.1	1.6	3.6	1.8	0.3	0.6	1.5	12.9
Clyde Drexler	8-3	20.9	4.6	8.0	0.578	0.8	2.6	0.286	3.9	5.4	0.721	0.5	1.3	0.400	1.6	1.4	3.0	3.6	2.5	0.4	0.9	1.8	10.5
Patrick Ewing	8-4	17.6	4.1	6.6	0.623	0.0	0.0	—	4.1	6.6	0.623	1.3	2.0	0.625	1.6	3.6	5.3	0.4	0.9	1.9	0.6	2.8	9.5
David Robinson	8-4	16.8	3.4	5.9	0.574	0.0	0.0	—	3.4	5.9	0.574	2.3	3.3	0.692	1.4	2.8	4.1	0.8	1.5	1.5	1.0	2.0	9.0
Scottie Pippen	8-3	21.4	3.5	5.9	0.596	0.6	1.6	0.385	2.9	4.3	0.676	1.4	1.9	0.733	0.5	1.6	2.1	5.9	3.0	0.1	1.6	1.6	9.0
Larry Bird	8-3	18.0	3.1	6.0	0.521	1.1	3.4	0.333	2.0	2.6	0.762	1.0	1.3	0.800	0.5	3.3	3.8	1.8	1.0	0.8	0.8	1.5	8.4
Magic Johnson	6-5	18.0	2.8	5.0	0.567	1.0	2.2	0.462	1.8	2.8	0.647	1.3	1.7	0.800	0.8	2.8	3.5	5.5	1.3	0.0	1.0	0.7	8.0
Christian Laettner	8-0	7.6	1.1	2.5	0.450	0.3	0.8	0.333	0.9	1.8	0.500	2.3	2.5	0.900	0.4	0.6	1.0	0.4	0.4	0.1	0.4	1.4	4.8
John Stockton	4-0	7.3	1.0	2.0	0.500	0.3	0.5	0.500	0.8	1.5	0.500	0.0	0.0	0.667	0.3	0.5	0.8	2.0	0.5	0.0	0.3	0.8	2.8

TRIPLE TOWER

하킴-샤크-로빈슨, 농구 역사상 최강 센터진

미국은 1992 드림팀 이후에도 계속 NBA 선수들을 선발해 국제대회에 출전시켰다.

1994년 캐나다에서 열린 농구 월드컵에 '원조' 드림팀 멤버는 1명도 포함되지 않았다. 돈 넬슨 감독은 그 대신 20대 초중반 젊은 선수들을 대거 발탁했다. 샤킬 오닐, 알론조 모닝, 숀 켐프, 데릭 콜먼 등 저돌적이고 에너지 충만한 선수들이었다. 'USA 1994'는 8전 전승을 거뒀고, 결승에서 러시아에 137-91의 압승을 거뒀다.

그러나 'USA 1994' 멤버들은 자국에서 열린 1996 애틀랜타 올림픽 때 중용되지 않았다. 당시 사령탑인 레니 윌킨스 감독이 여전히 '원조 드림팀' 멤버를 선호했기 때문이다. 1992년에 이어 2회 연속 올림픽에 출전한 선수들은 찰스 바클리, 데이비드 로빈슨, 칼 말론, 존 스탁턴, 찰스 바클리, 스카티 피펜 등 6명이었다. 여기에 당시 리그에서 두각을 나타낸 젊은 선수들인 그랜트 힐과 앤퍼니 하더웨이가 발탁되었다. 'USA 1994' 멤버 중 애틀랜타 올림픽 대표팀에 합류한 선수는 샤킬 오닐과 레지 밀러뿐이었다.

그 당시 가장 주목을 받았던 두 선수는 역시 2명의 MJ, 마이클 조던과 매직 존슨이었다. 조던은 1차 은퇴 후 복귀해서 시카고의 통산 4번째 우승을 견인한 직후였다. 존슨은 1990-91 시즌 HIV 감염으로 은퇴했다가 바르셀로나 올림픽 금메달을 목에 건 뒤 1993-94시즌 복귀해 다시 홈구장 팬들의 인기를 한몸에 받고 있던 순간이었다.

윌킨스 감독도 이들의 합류를 정식으로 요청했다. 하지만, 이들은 끝내 합류하지 않았다. 조던은 이미 1984, 1992년 올림픽에 참가해 금메달을 2개 목에 건 상태라 크게 욕심이 없는 상태였고, 존슨도 여름에 휴식을 취하기 위해 고사했다. 그럼에도 당시 미국 언론의 분위기는 'USA 1996'을 '드림팀 2'로 인정하는 분위기였다.

미국 대표팀은 애틀랜타 올림픽에서도 여유 있게 금메달을 획득했

다. 'USA 1996'의 가장 큰 장점은 역대 농구 최강의 센터진이었다. '드림 쉐이크'로 1990년 중반을 본인의 시대로 만든 최고 센터 하킴 올라주원, 단순 기록상으로는 1995-96시즌에 가장 돋보였던 데이비드 로빈슨, 그리고 당시 24살이었던 '공룡 센터' 샤킬 오닐, 이 3명이 골 밑을 지켰다. 이들은 그 당시 NBA 랭킹 1, 2, 3위 센터였다. 그뿐만 아니라 NBA 역사에 '올타임 그레잇'에 이름을 올릴 슈퍼스타들이었다. 이런 센터진의 팀은 과거에도, 그 당시에도 없었고, 현재까지지도 재현되지 않고 있다.

애틀랜타 올림픽에서 은메달을 땄던 유고슬라비아 센터 블라디 디박은 "오닐, 올라주원, 로빈슨이 돌아가며 나오는데 무슨 수로 이기나"라고 한탄했을 정도다. 당시 전문가나 팬들은 'USA 1996'이 드림팀과 유일하게 맞설 수 있는 팀으로 평가했다. 그리고 그런 평가는 10년 넘게 이어졌다. 2008 베이징 올림픽에서 '리딤팀'이 뜨기 전까지는 말이다.

실제 오닐은 'NBA 오픈코트'에서 "내가 활약한 이 팀이 1992년에 출전한 팀을 이길 수 있다"고 주장했다. 그러자, 그 자리에 있던 바클리의 반응은 "얘 또 이러네"였다. 당시 'NBA 오픈코트'에는 그 1996년에 오닐과 함께 뛰었던 레지 밀러뿐 아니라 1992년과 1996년 모두 뛴 바클리도 그 자리에 있었다. 두 팀에서 모두 뛰어본 바클리의 경우, 사실상 드림팀의 손을 들어줬다.

'USA 1996'은 무시무시한 로스터에도 불구하고, 드림팀만큼 압도적이지는 않았다. 1992년 팀은 올림픽 8경기 동안 평균 43.8점 차이로 우승했다. 그런데 'USA 1996'의 점수 차이는 평균 30.5점에 불과했다. 1992년과 1996년, 연속 동메달을 딴 리투아니아를 놓고 단순 비교해보자. 드림팀은 리투아니아를 51점 차로 털어버렸지만, 'USA 1996'은 22점 차로 승리했다.

아무튼 올라주원-로빈슨-오닐의 '트리플 타워'는 역대급 고공 농구를 선사하면서 미국에 2회 연속 금메달을 안겨주었다.

TEAM 1996 SUMMARY

8전 전승 102.0득점 70.3실점 +31.7 엔트리 12명 평균 29.5세 203cm / 로테이션 9명 평균 29.1세 204cm / 베스트 5 평균 30.2세 202cm

TEAM POTENTIAL

93점

4위

하프코트 세트오펜스 10점	트랜지션 오펜스 9점	하프코트 세트디펜스 10점	트랜지션 디펜스 9점	리바운드 9점
선수층 9점	선수 경험치 9점	감독 리더십 10점	인기, 스타성 9점	글로벌 영향 9점

*각 항목은 10점 만점, 평가는 올림픽에 참가한 1992~2024년 미국 대표 9개팀 사이의 상대평가

Player's Functions

Ball Handlers
G.페이튼
A.하더웨이
J.스탁턴

Pull-Ups
C.바클리
G.힐
M.리치먼드

Catch & Shoot
R.밀러
M.리치먼드
J.스탁턴

3 Pointers
R.밀러
M.리치먼드
S.피펜

Slam Dunkers
S.오닐
D.로빈슨
C.바클리

Free Throw
C.바클리
D.로빈슨
R.밀러

Rebounders
C.바클리
D.로빈슨
S.오닐

1-1 Defenders
G.페이튼
S.피펜
D.로빈슨

Ball Stealers
G.힐
J.스탁턴
S.피펜

Key Passes
G.페이튼
A.하더웨이
J.스탁턴

Hustle Players
S.피펜
J.스탁턴
K.말론

Rim Protectors
S.오닐
H.올라주원
J.스탁턴

SQUAD & TACTICS

PF
찰스 바클리
칼 말론

C
데이비드 로빈슨
샤킬 오닐
하킴 올라주원

SF
스카티 피펜
그랜트 힐

SG
레지 밀러
미치 리치먼드

PG
게리 페이튼
앤퍼니 하더웨이
존 스탁턴

Lenny WILKENS 레니 윌킨스
생년월일 : 1937.10.28
출생지 : 미국 뉴욕주 브루클린

1969~1975년, 시애틀과 포틀랜드에서 플레잉코치로 뛰었고, 1976년부터 정식 감독으로 활동하기 시작했다. 1979년 시애틀 감독으로서 NBA 우승을 경험했고, 통산 4차례 올스타팀 감독을 역임했다. 1992년 바르셀로나 올림픽 때는 척 데일리 감독을 보좌하는 수석 코치로 맡아 미국 대표팀의 2회 연속 금메달 획득에 일조했다. 코칭 스타일도 깔끔하고, 리그에서는 손꼽히는 신사였다. 네이스미스 명예의 전당에 헌액됐고, 2010년에는 대한민국 남자 농구 대표팀 기술고문을 지낸 바 있다.

TS	MS	3PS	FT	LU	DK	ID	OD	ST	BL	ORG	OR3	ORB	DRG	DR3	DRB	PS	BH	BQ	SP	PO	ED	HS	OG
터프샷 성공률	중거리 슛팅	3점 슛팅	자유투 성공률	레이업 플로터	슬램 덩크	안쪽 수비	외곽 수비	스틸	블락	가드 공격RB	SF 공격RB	빅맨 공격RB	가드 수비RB	SF 수비RB	빅맨 수비RB	패스	볼 핸들링	농구 IQ	스피드 민첩성	파워	지구력	허슬 플레이	종합 평가

(F4) Charles BARKLEY 찰스 바클리 — PF-SF
1963.02.20 / 198cm / 1984 드래프트 1R-5

시즌 MVP 투표 12위 / 올-NBA 서드팀 / 올스타전 출전
득점 6위 / 리바운드 4위 / 효율성 7위

1995-96 피닉스 71경기 평균 37.1분

항목	PTS	RB	AS	ST	BL
경기 평균	23.2	11.6	3.7	1.6	0.8
36분 기준	22.6	11.2	3.6	1.6	0.8

항목	TS	MS	3PS	FT	LU	DK	ID	OD	ST	BL
평점	A-	A-	A-	C+	C+	A	A	B+	C-	D
항목	ORB	DRB	PS	BH	BQ	SP	PO	ED	HS	OG
평점	A-	B	B	B	A	B+	A	A+	A	A

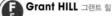

(F5) Grant HILL 그랜트 힐 — SF-PG
1972.10.05 / 203cm / 1994 드래프트 1R-3

시즌 MVP 투표 9위 / 올-NBA 세컨드팀 / 올스타전 출전
윈셰어 8위

1995-96 디트로이트 80경기 평균 40.8분

항목	PTS	RB	AS	ST	BL
경기 평균	20.2	9.8	6.9	1.3	0.6
36분 기준	17.9	8.6	6.1	1.1	0.5

항목	TS	MS	3PS	FT	LU	DK	ID	OD	ST	BL
평점	A+	A	D	B-	A+	A	C-	B+	C	D
항목	OR3	DR3	PS	BH	BQ	SP	PO	ED	HS	OG
평점	A	B-	B	A	C	A	A-	A	A	A-

(G6) Anfernee HARDAWAY 앤퍼니 하더웨이 — PG-SG
1971.07.18 / 201cm / 1993 드래프트 1R-3

시즌 MVP 투표 3위 / 올-NBA 퍼스트팀 / 올스타전 출전
스틸 6위 / 효율성 9위 / 윈셰어 4위

1995-96 올랜도 82경기 평균 36.8분

항목	PTS	RB	AS	ST	BL
경기 평균	21.7	4.3	7.1	2.0	0.5
36분 기준	21.3	4.2	6.9	2.0	0.5

항목	TS	MS	3PS	FT	LU	DK	ID	OD	ST	BL
평점	B-	B	B-	C	B	B-	D-	C+	B	D-
항목	ORG	DRG	PS	BH	BQ	SP	PO	ED	HS	OG
평점	B-	D-	B	A	B+	B	D-	A	B+	

(C7) David ROBINSON 데이비드 로빈슨 — C
1965.08.06 / 216cm / 1987 드래프트 1R-1

시즌 MVP 투표 2위 / 올-NBA 퍼스트팀 / 올-디펜시브 퍼스트팀
올해의 수비선수상 투표 4위 / 올스타전 출전 / 득점 5위
리바운드 2위 / 블락 3위 / 효율성 1위 / 윈셰어 2위

1995-96 샌안토니오 82경기 평균 36.8분

항목	PTS	RB	AS	ST	BL
경기 평균	25.0	12.2	3.0	1.4	3.3
36분 기준	24.5	11.9	2.9	1.3	3.2

항목	TS	MS	3PS	FT	LU	DK	ID	OD	ST	BL
평점	A-	C-	B-	C	B-	A	A-	B	A	B+
항목	ORB	DRB	BH	BQ	SP	PO	ED	HS	OG
평점	B+	A-	D-	D-	B+	A	B	D+	A

(F8) Scottie PIPPEN 스카티 피펜 — SF-PG
1965.09.25 / 203cm / 1987 드래프트 1R-5

NBA 파이널 우승 / 시즌 MVP 투표 5위 / 올-NBA 퍼스트팀
올-디펜시브 퍼스트팀 / 올해의 수비선수상 투표 2위
올스타전 출전 / 윈셰어 7위

1995-96 시카고 77경기 평균 36.7분

항목	PTS	RB	AS	ST	BL
경기 평균	19.4	6.4	5.9	1.7	0.7
36분 기준	19.1	6.3	5.8	1.7	0.7

항목	TS	MS	3PS	FT	LU	DK	ID	OD	ST	BL
평점	B	B	B+	D+	B+	A-	B-	A+	B+	D-
항목	OR3	DR3	PS	BH	BQ	SP	PO	ED	HS	OG
평점	B	D+	B+	B	A-	B+	B-	A+	A+	A

(G9) Mitch RICHMOND 미치 리치먼드 — SG-SF
1965.06.30 / 196cm / 1988 드래프트 1R-5

시즌 MVP 투표 16위 / 올-NBA 서드팀 / 올스타전 출전
득점 8위

1995-96 새크라멘토 81경기 평균 36.4분

항목	PTS	RB	AS	ST	BL
경기 평균	23.1	3.3	3.1	1.5	0.2
36분 기준	22.9	3.3	3.1	1.5	0.2

항목	TS	MS	3PS	FT	LU	DK	ID	OD	ST	BL
평점	A	A	A-	B+	A	C	D-	C+	B	D-
항목	ORG	DRG	PS	BH	BQ	SP	PO	ED	HS	OG
평점	D-	D-	B	B	B	C+	A	A	A-	

(G10) Reggie MILLER 레지 밀러 — SG
1965.08.24 / 201cm / 1987 드래프트 1R-11

올-NBA 서드팀 / 올스타전 출전

1995-96 인디애나 76경기 평균 34.5분

항목	PTS	RB	AS	ST	BL
경기 평균	21.1	2.8	3.3	1.0	0.2
36분 기준	22.1	2.9	3.5	1.1	0.2

항목	TS	MS	3PS	FT	LU	DK	ID	OD	ST	BL
평점	A	B+	A	C+	D	C	D	C	D-	
항목	ORG	DRG	PS	BH	BQ	SP	PO	ED	HS	OG
평점	D-	D-	B-	C	B-	C-	B+	A	A-	

(F11) Karl MALONE 칼 말론 — PF
1963.07.24 / 206cm / 1985 드래프트 1R-13

시즌 MVP 투표 7위 / 올-NBA 퍼스트팀 / 올스타전 출전
득점 4위 / 효율성 4위 / 윈셰어 3위

1995-96 유타 82경기 평균 38.0분

항목	PTS	RB	AS	ST	BL
경기 평균	25.7	9.8	4.2	1.7	0.7
36분 기준	24.4	9.3	4.0	1.6	0.6

항목	TS	MS	3PS	FT	LU	DK	ID	OD	ST	BL
평점	A+	B+	D-	C+	A-	B-	A	D-	B+	D-
항목	ORB	DRB	PS	BH	BQ	SP	PO	ED	HS	OG
평점	A-	B+	C+	D	B	B-	A+	A+	A	A

(G12) John STOCKTON 존 스탁턴 — PG
1962.03.26 / 185cm / 1984 드래프트 1R-16

시즌 MVP 투표 11위 / 올-NBA 세컨드팀 / 어시스트 1위
올스타전 출전 / 어시스트 1위 / 윈셰어 5위

1995-96 유타 82경기 평균 35.5분

항목	PTS	RB	AS	ST	BL
경기 평균	14.7	2.8	11.2	1.7	0.2
36분 기준	14.9	2.5	11.3	1.7	0.2

항목	TS	MS	3PS	FT	LU	DK	ID	OD	ST	BL
평점	A-	A-	A-	B-	A	D-	A	B+	A-	
항목	ORG	DRG	PS	BH	BQ	SP	PO	ED	HS	OG
평점	D-	D-	A+	A-	A-	A	A-	A	A	

(C13) Shaquille O'NEAL 샤킬 오닐 — C
1972.03.06 / 216cm / 1992 드래프트 1R-1

시즌 MVP 투표 9위 / 올-NBA 서드팀 / 올스타전 출전
득점 3위 / 블락 9위 / 효율성 3위

1995-96 올랜도 54경기 평균 36.0분

항목	PTS	RB	AS	ST	BL
경기 평균	26.6	11.0	2.9	0.6	2.1
36분 기준	26.6	11.0	2.9	0.6	2.1

항목	TS	MS	3PS	FT	LU	DK	ID	OD	ST	BL
평점	A+	C	D-	D-	B-	A+	A-	D-	D-	A-
항목	OR	DR	PS	BH	BQ	SP	PO	ED	HS	OG
평점	A	A-	C	D	B+	B+	A	A	A	

(G14) Gary PAYTON 게리 페이튼 — PG
1968.07.23 / 193cm / 1990 드래프트 1R-2

NBA 파이널 준우승 / 시즌 MVP 투표 6위 / 올-NBA 세컨드팀
올-디펜시브 퍼스트팀 / 올해의 수비선수상 / 스틸 1위
올스타전 출전 / 어시스트 10위 / 스틸 1위 / 윈셰어 9위

1995-96 시애틀 81경기 평균 39.0분

항목	PTS	RB	AS	ST	BL
경기 평균	19.3	4.2	7.5	2.9	0.2
36분 기준	17.8	3.9	6.9	2.6	0.2

항목	TS	MS	3PS	FT	LU	DK	ID	OD	ST	BL
평점	B	B	B-	B-	C	A-	D	A+	D	
항목	ORG	DRG	PS	BH	BQ	SP	PO	ED	HS	OG
평점	C+	D-	A+	A-	A-	A	D	A-	A-	

(C15) Hakeem OLAJUWON 하킴 올라주원 — C
1963.01.21 / 213cm / 1984 드래프트 1R-1

시즌 MVP 투표 4위 / 올-NBA 세컨드팀 / 올-디펜시브 세컨드팀
올해의 수비선수상 투표 5위 / 올스타전 출전 / 득점 2위
리바운드 6위 / 블락 4위 / 효율성 5위

1995-96 휴스턴 72경기 평균 38.8분

항목	PTS	RB	AS	ST	BL
경기 평균	26.9	10.9	3.6	1.6	2.9
36분 기준	24.9	10.1	3.3	1.5	2.7

항목	TS	MS	3PS	FT	LU	DK	ID	OD	ST	BL
평점	A+	A-	C-	B-	A-	B-	A	D-	B	A
항목	OR	DR	PS	BH	BQ	SP	PO	ED	HS	OG
평점	A	A	D-	B	B	B+	A	B-	A-	

MATCH SUMMARY 드림팀 전통 이어 올림픽 2회 연속 우승

미국 대표팀은 홈코트에서 열린 1996년 애틀랜타 올림픽도 4년 전과 마찬가지로 8전 전승으로 클리어하면서 2회 연속 금메달을 땄다. '명장' 레니 윌킨스의 지도를 받은 또 다른 NBA 슈퍼스타들에게 의존한 '팀 USA 1996'은 상당히 인상적인 경기를 펼쳤다.

미국은 1차전에서 아르헨티나를 상대로 데이비드 로빈슨의 18점-7리바운드 활약에 힘입어 96-68로 승리했다. 페니 하더웨이와 그랜트 힐 등 젊은 선수들이 5도움씩 기록했다.

앙골라와 리투아니아는 4년 전보다 훨씬 발전된 모습으로 대회에 참가했다. 그리고 실제 그것을 입증했다. 미국은 앙골라를 87-54로, 리투아니아를 104-82로 눌렀다. 하지만 4년 전보다 점수 차는 많이 줄어들었다. 칼 말론은 앙골라전에서 12점으로 최다 득점자가 되었고, 찰스 바클리는 앙골라전 9리바운드-7어시스트, 리투아니아전 16점-5리바운드로 펄펄 날았다.

4차전 상대는 대회 최약체인 중국이었다. 이 경기에서 미국은 7명의 선수가 두 자릿 수 득점을 올리며 중국을 133-70, 63점 차로 압살했다. 스카티 피펜 24점으로 공격을 이끌었고, 그랜트 힐 19점, 레지 밀러 17점으로 뒤를 받쳤다.

예선 최종전은 지난 대회 결승 상대였던 크로아티아와 대결했다. '3점 슈터' 미치 리치먼드가 16점으로 선봉을 맡았고, 바클리가 14점-12리바운드를 추가하며 102-65로 승리했다.

8강전에서는 브라질을 만났다. 전반에는 넉넉하게 앞섰지만, 막판 추격을 허용했고, 결국 98-75로 승리했다. 하더웨이가 14점, 오닐이 11점-11리바운드를 추가했다. 올랜도 매직의 콤비가 승리의 주역이 되었다.

준결승전 상대는 호주였다. 전반에 10점 차, 후반에 18점 차를 벌리며 101-73으로 승리했다. 이 경기에선 바클리가 24점 11리바운드로 '영웅'이 됐고, 피펜이 5어시스트로 도우미 역할을 했다. 호주에선 게이즈가 25점을 올리며 분전했지만 역부족이었다.

결승전 상대는 이날 전까지 대회 7연승을 달리던 동구권 강호 유고슬라비아였다. 이 국가는 1991년에 연방이 해체된 상태였지만, 유고슬라비아라는 이름으로 마지막 참가한 대회다(이후에는 세르비아가 그 법통을 계승했다). 두 팀은 전반에 치열하게 싸웠다. 미국은 전반 중반 한 때 7점 차로 밀렸지만, 전반 막판 뒤집기에 성공해 전반을 43-38로 앞섰다. 그러나 미국은 경기 종료 14분 3초를 남기고, 51-50, 1점 차까지 추격당했다. 이 상황에서 미국은 18-4 리드를 펼치며 69-55를 만들었고, 그 기세를 살려 결국 95-69로 승리했다. 승리의 주역은 28점-7리바운드를 기록한 로빈슨이었고, 밀러가 20점, 하더웨이가 17점으로 뒤를 받쳤다.

미국은 당초 예상대로 금메달을 목에 걸었다. 그러나 미국과 다른 국가와의 전력 차이가 조금씩 줄어드는 것을 피부로 느꼈다. 이런 상황은 4년 뒤 시드니 올림픽에서 더욱 심화 된다.

1996 OLYMPIC PERFORMANCE

USA NATIONAL TEAM vs. OPPONENTS PER GAME STATS

미국 vs 상대국

득실점		F↑ 필드골성공	FG% 필드골 %	3↑ 3점슛성공	3P% 3점슛 %	⊖ 자유투성공	FT% 자유투 %	OR 공격리바운드	RB 리바운드	A↑ 어시스트	🥸 스틸	🏀 블락	⮌ 턴오버	🔑 파울

102.0	🏀	70.3	38.0 **F↑** 23.5	56.0% **FG%** 42.1%	6.0 **3↑** 7.4	39.3% **3P%** 37.3%	20.0 **⊖** 15.1	68.1% **FT%** 69.5%
13.0 **OR** 7.6		38.1 **RB** 25.1	26.3 **A↑** 14.9	13.4 **🥸** 6.5	2.6 **🏀** 1.3	12.6 **⮌** 21.3	19.1 **🔑** 21.8	

1996 ATLANTA OLYMPIC RESULT

1996.07.20(토)	1st. HALF	2nd. HALF	T	FG	3P	FT	RB	AS
아르헨티나	44	24	68	19-45	7-20	23-34	17	14
미국	46	50	96	36-62	1-6	23-30	37	20

아르헨티나 최다 : J.에스필 27점 / M.니콜라 4RB / M.밀라네시오 7AS
미국 최다 : D.로빈슨 18점 / D.로빈슨 7RB / P.하더웨이, G.힐 5AS

1996.07.22(월)	1st. HALF	2nd. HALF	T	FG	3P	FT	RB	AS
미국	44	43	87	35-61	5-11	12-18	37	24
앙골라	31	23	54	18-52	10-28	8-8	17	12

미국 최다 : K.말론 12점 / C.바클리 9RB / C.바클리 7AS
앙골라 최다 : A.카르발류 16점 / D.디아스 5RB / B.우쿠암바 5AS

1996.07.24(수)	1st. HALF	2nd. HALF	T	FG	3P	FT	RB	AS
미국	50	54	104	36-66	9-20	23-40	33	28
리투아니아	42	40	82	28-57	10-21	16-18	28	16

미국 최다 : C.바클리 16점 / C.바클리 5RB / J.스탁턴, G.페이튼 4AS
리투아니아 최다 : G.에이니키스 21점 / A.카르니소바스 7RB / T.파세사스 5AS

1996.07.26(금)	1st. HALF	2nd. HALF	T	FG	3P	FT	RB	AS
중국	28	42	70	29-60	7-23	5-9	27	18
미국	65	68	133	52-81	12-24	17-20	35	41

중국 최다 : 류위동 18점 / 바테레 6RB / 리샤오웅 5AS
미국 최다 : S.피펜 24점 / S.오닐 10RB / P.하더웨이 10AS

1996.07.28(일)	1st. HALF	2nd. HALF	T	FG	3P	FT	RB	AS
미국	57	45	102	39-72	6-16	18-28	40	29
크로아티아	38	27	65	25-55	6-14	9-14	22	17

미국 최다 : M.리치먼드 16점 / C.바클리 12RB / G.페이튼 7AS
크로아티아 최다 : Z.타박 19점 / Z.타박 7RB / T.쿠코치 10AS

1996.07.30(화)	1st. HALF	2nd. HALF	T	FG	3P	FT	RB	AS
미국	52	46	98	38-64	6-14	16-27	38	28
브라질	36	39	75	28-73	8-24	11-20	35	17

미국 최다 : P.하더웨이 14점 / S.오닐 11RB / G.페이튼 7AS
브라질 최다 : O.슈미트 26점 / J.죄르케 10RB / W.미누시 5AS

1996.08.01(목)	1st. HALF	2nd. HALF	T	FG	3P	FT	RB	AS
호주	41	32	73	20-61	8-19	25-30	31	14
미국	51	50	101	38-81	4-19	21-31	53	19

호주 최다 : A.게이즈 25점 / M.브라트케 11FB / S.힐 5AS
미국 최다 : C.바클리 24점 / C.바클리 11RB / S.피펜 5AS

1996.08.03(토)	1st. HALF	2nd. HALF	T	FG	3P	FT	RB	AS
유고슬라비아	44	24	69	21-46	3-9	23-39	23	10
미국	46	50	95	30-56	5-12	30-41	31	21

유고슬라비아 최다 : Z.파스팔리 19점 / D.보디로가, S.조르제비치 5RB / S.조르제비치 6AS
미국 최다 : D.로빈슨 28점 / D.로빈슨 7RB / J.스탁턴 7AS

PLAYER STATS PER GAME

PLAYERS	G-GS	MP	FG	FGA	FG%	3P	3PA	3P%	2P	2PA	2P%	FT	FTA	FT%	ORB	DRB	TRB	AST	STL	BLK	TOV	PF	PTS
Charles Barkley	7-4	18.1	4.4	5.4	0.816	0.3	0.6	0.500	4.1	4.9	0.853	3.3	4.6	0.719	2.4	4.1	6.6	2.4	0.9	0.1	1.4	2.1	12.4
David Robinson	8-3	14.3	4.3	6.3	0.680	0.0	0.0	—	4.3	6.3	0.680	3.5	5.0	0.700	2.1	2.5	4.6	0.0	0.5	0.3	0.9	1.4	12.0
Reggie Miller	8-5	21.8	4.1	8.0	0.516	2.1	5.1	0.415	2.0	2.9	0.696	1.0	1.1	0.889	0.3	0.8	1.0	1.0	0.6	0.0	0.6	1.4	11.4
Scottie Pippen	8-7	22.0	4.6	8.9	0.521	1.0	2.9	0.348	3.6	6.0	0.604	0.8	1.4	0.545	1.0	2.9	3.9	3.3	1.6	0.4	1.0	2.0	11.0
Grant Hill	6-1	21.7	3.7	6.0	0.611	0.3	1.0	0.333	3.3	5.0	0.667	2.0	2.7	0.750	0.5	2.3	2.8	3.5	3.0	0.3	1.0	2.0	9.7
Mitch Richmond	8-3	19.1	3.1	6.8	0.463	1.4	3.3	0.423	1.8	3.5	0.500	2.0	2.4	0.842	0.5	1.1	1.6	1.3	1.3	0.1	0.9	1.4	9.6
Shaquille O'Neal	8-3	15.5	3.9	6.3	0.620	0.0	0.0	—	3.9	6.3	0.620	1.5	2.9	0.522	1.8	3.5	5.3	0.4	0.6	0.4	0.6	1.6	9.3
Penny Hardaway	8-1	18.0	3.1	5.5	0.568	0.5	1.6	0.308	2.6	3.9	0.677	2.3	3.1	0.720	0.8	2.0	2.8	4.4	1.4	0.1	1.6	1.0	9.0
Karl Malone	8-4	17.5	3.6	6.4	0.569	0.0	0.0	—	3.6	6.4	0.569	1.1	2.1	0.529	2.0	2.5	4.5	1.4	1.4	0.1	1.3	2.4	8.4
Gary Payton	8-6	17.0	1.8	4.6	0.378	0.9	2.0	0.429	1.4	3.8	0.367	1.3	2.4	0.526	1.0	2.1	3.1	4.5	1.9	0.1	1.5	2.1	5.1
Hakeem Olajuwon	7-2	12.4	1.9	4.1	0.448	0.0	0.0	—	1.9	4.1	0.448	1.3	1.9	0.692	1.1	1.9	3.1	1.1	0.6	0.3	1.0	1.3	5.0
John Stockton	8-1	11.9	1.3	2.4	0.526	0.1	0.3	0.500	1.1	2.1	0.529	1.1	1.4	0.818	0.0	0.8	0.8	2.8	1.6	0.5	1.5	1.4	3.8

NEW GENERATION
새로운 세기(世紀), 새로운 선수들

스포츠 역사상 가장 충격적인 데뷔를 했던 드림팀, 그리고 그 후광을 이어갔던 'USA 1996'. 미국 대표팀은 새 밀레니엄의 첫 번째 올림픽이었던 2000 시드니 대회에서도 여전히 지구상에서 가장 주목받는 스포츠팀이었다. 그러나 미국 농구 대표팀에 대한 시각이 그 이전보다는 훨씬 차분해진 것 역시 사실이다.

먼저 'USA 2000'의 탄생 배경부터 알아보자. NBA측은 1998-99 시즌을 앞두고 선수와 구단 간 협약이 진행되지 않아 '락 아웃(직장 폐쇄)'을 단행했다. 그래서 미국 농구협회에서는 그리스에서 열린 1998년 FIBA 농구 월드컵에 NCAA 선수들과 당시에는 존재했던 CBA 선수로 구성된 팀을 파견했다. 당연히 한계가 있었다. 준결승에서 러시아에 일격을 당해 3위에 머물렀다. 당시 사령탑이던 루디 톰자노비치 감독이 할 수 있는 건 아무것도 없었다.

미국은 농구 종주국으로서 자존심에 상처를 입었다. 축구로 비교하자면 FIFA 월드컵에 '대표 3진'을 내세워 참패한 것과 마찬가지였다.

그래서 미국 농구협회는 락 아웃이 풀리자마자 2000 시드니 올림픽을 위한 장기 플랜을 세웠다. 새 사령탑에 래리 브라운 감독을 임

명하고, 1999년 FIBA 아메리카컵에 다시 한번 NBA 스타들을 출동시켰다. 그리고 10전 전승으로 우승했다.

이 팀을 기반으로 'USA 2000'이 결성되었다. 시드니 올림픽에 참가한 엔트리 12명 중 1년 전 아메리카컵에 출전했던 선수는 스티브 스미스, 제이슨 키드, 앨런 휴스턴, 팀 하더웨이, 빈스 카터, 케빈 가넷, 게리 페이튼 등 무려 7명이었다. 아메리카컵에 참가했던 선수 중 리처드 해밀턴, 탐 구글리오타, 윌리 저비악, 팀 던컨, 엘튼 브랜드가 제외되고, 대신 알론조 모닝, 빈스 카터, 레이 앨런, 앤토니오 맥다이스, 샤리프 압둘라힘이 새로 들어갔다.

그리고, 가장 중요한 대표팀 사령탑도 바뀌었다. 브라운이 개인 사

정으로 물러나고 1998년 '대표 3진'으로 농구 월드컵에 참가했던 톰 자노비치가 2년 만에 복귀했다.

'USA 2000'은 시드니에서 금메달을 따긴 했지만, 이런저런 말이 나왔다. 이 라인업은 명단은 화려했지만, 4년 전과 비교해 센터진이 형편없이 약했다. 정통 센터는 알론조 모닝 1명 뿐이었는데, 혹시라도 그가 다치면 대안이 없었다.

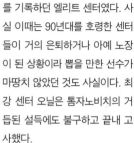

당시 모닝은 오닐과 함께 NBA에서 유일하게 20득점-10리바운드를 기록하던 엘리트 센터였다. 사실 이때는 90년대를 호령한 센터들이 거의 은퇴하거나 아예 노장이 된 상황이라 뽑을 만한 선수가 마땅치 않았던 것도 사실이다. 최강 센터 오닐은 톰자노비치의 거듭된 설득에도 불구하고 끝내 고사했다.

이런 상황이었으니 모닝이 쉬는 시간엔 임시방편으로 파워포워드들이 돌아가면서 빈자리를 메웠다. 하지만, 최장신 가넷은 커리어 후반으로 갈수록 센터 역할도 많이 했지만, 그 당시만 해도 콤보 포워드(3번과 4번 넘나드는 선수)였고, 맥다이스는 가끔 센터로 출전하기도 했지만 '언더 사이즈'였다. 베이커는 당시까지 크게 믿음을 주는 선수는 아니었다.

'USA 2000'은 제이슨 키드의 화려한 볼 핸들링, '에어 캐나다' 빈스 카터의 화려한 덩크쇼, 앨런 휴스턴과 레이 앨런의 3점슛을 앞세워 8전 전승으로 우승했다.

하지만, 센터진의 약세는 두드러져 보였다. 아마 모닝이 없었다면 금메달 달성이 쉽지 않았을 정도로 토너먼트에서 아슬아슬한 경기가 많았다. 특히, 리투아니아와 준결승은 거의 질 뻔하다가 살아났고, 프랑스와의 결승전도 쉽지 않았다.

2000 시드니 올림픽 농구는 21세기 세계 농구 평준화의 출발을 알리는 대회였다.

TEAM 2000 SUMMARY

8전 전승 95.0득점 73.4실점 +21.6 엔트리 12명 평균 27.7세 200cm / 로테이션 9명 평균 27.4세 200cm / 베스트 5 평균 27.6세 201cm

TEAM POTENTIAL

88점

8위

하프코트 9점 세트오펜스
트랜지션 9점 오펜스
하프코트 9점 세트디펜스
트랜지션 9점 디펜스
리바운드 10점

선수층 8점
선수 경험치 8점
감독 리더십 10점
인기, 스타성 8점
글로벌 영향 8점

*각 항목은 10점 만점, 평가는 올림픽에 참가한 1992~2024년 미국 대표 9개팀 사이의 상대평가

Player's Functions

Ball Handlers
T.하더웨이
J.키드
G.페이튼

Pull-Ups
V.카터
T.하더웨이
A.휴스턴

Catch & Shoot
R.앨런
V.카터
A.휴스턴

3 Pointers
R.앨런
V.카터
A.휴스턴

Slam Dunkers
A.모닝
K.가넷

Free Throw
R.앨런
A.모닝
S.스미스

Rebounders
K.가넷
A.맥다이스
S.압둘라힘

1-1 Defenders
K.가넷
J.키드
A.모닝

Ball Stealers
J.키드
G.페이튼
R.앨런

Key Passes
J.키드
T.하더웨이
G.페이튼

Hustle Players
K.가넷
A.모닝
A.맥다이스

Rim Protectors
S.압둘라힘
R.앨런

SQUAD & TACTICS

PF
케빈 가넷
빈 베이커
샤리프 압둘라힘

C
알론조 모닝
안토니오 맥다이스

SF
빈스 카터
스티브 스미스

SG
앨런 휴스턴
레이 앨런

PG
게리 페이튼
제이슨 키드
팀 하더웨이

Rudy TOMJANOVICH
루디 톰자노비치

생년월일 : 1948.11.24

출생지 : 미국 미시건주 햄트래믹

1970~1981년, 샌디에이고-휴스턴 로키츠에서 포워드로 활약했다. 올스타전에 5번 출전하는 등 나름대로 실력이 있었다. 은퇴 후 1983~1992년 휴스턴 코치로, 1992~2003년은 휴스턴 감독으로 활동했다. 1990년대 최고 센터 올라주원을 중심으로 팀 전술을 구사했고, 유일의 뉴욕, 로빈슨의 샌안토니오, 오닐의 올랜도를 압도하면서 1993~94, 1994~95 두 시즌 연속 우승했다. 그리고 2000년 시드니 올림픽 때 미국 대표팀 지휘봉을 잡고, 미국의 3회 연속 금메달 획득을 이끌었다. 2004~05시즌 레이커스 사령탑을 끝으로 감독 생활을 끝냈다.

18

항목 & 평점

TS	MS	3PS	FT	LU	DK	ID	OD	ST	BL	ORG	OR3	ORB	DRG	DR3	DRB	PS	BH	BQ	SP	PO	ED	HS	OG
터프샷	중거리	3점	자유투	레이업	슬램	안쪽	외곽	스틸	블락	가드	빅맨	빅맨	가드	빅맨	빅맨	패스	볼	농구	스피드	파워	지구력	허슬	종합
성공률	수팅	수팅	성공률	플로터	덩크	수비	수비			공격RB	SF	공격RB	수비RB	SF	수비RB		핸들링	IQ				플레이	평가

G 4 — Steve SMITH 스티브 스미스 — SG-SF
1969.03.31 / 201cm / 1991 드래프트 1R-5

특이사항 없음

1999-2000 포틀랜드 80경기 평균 32.8분

항목	PTS	RB	AS	ST	BL
경기 평균	14.9	3.8	2.5	0.9	0.4
36분 기준	16.4	4.2	2.8	1.0	0.4

항목	TS	MS	3PS	FT	LU	DK	ID	OD	ST	BL
평점	B-	A-	B-	B	C+	D+	D-	C+	C-	D-
항목	ORG	DRG	PS	BH	BQ	SP	PO	ED	HS	OG
평점	B-	D-	D+	C+	C+	D+	C-	A-	B-	B-

G 5 — Jason KIDD 제이슨 키드 — PG
1973.05.23 / 193cm / 1994 드래프트 1R-3

시즌 MVP 투표 11위 / 올-NBA 퍼스트팀 / 올-디펜시브 세컨드팀
올해의 수비선수상 투표 8위 / 올스타전 출전 / 어시스트 1위
스틸 5위

1999-2000 피닉스 67경기 평균 39.0분

항목	PTS	RB	AS	ST	BL
경기 평균	14.3	7.2	10.1	2.0	0.4
36분 기준	13.2	6.6	9.3	1.8	0.4

항목	TS	MS	3PS	FT	LU	DK	ID	OD	ST	BL
평점	C	B	C	B-	A	D-	C-	A	A	D-
항목	ORG	DRG	PS	BH	BQ	SP	PO	ED	HS	OG
평점	B-	A-	A+	A	A	C-	A+	A-	A-	-

G 6 — Allan HOUSTON 앨런 휴스턴 — SG
1971.04.20 / 196cm / 1993 드래프트 1R-11

올스타전 출전

1999-2000 뉴욕 82경기 평균 38.6분

항목	PTS	RB	AS	ST	BL
경기 평균	19.7	3.3	2.7	0.8	0.2
36분 기준	18.3	3.1	2.5	0.7	0.2

항목	TS	MS	3PS	FT	LU	DK	ID	OD	ST	BL
평점	B+	B+	B+	A-	C+	D-	D-	C+	D-	D-
항목	ORG	DRG	PS	BH	BQ	SP	PO	ED	HS	OG
평점	D-	D-	C+	B-	B	D-	A-	B+	B

C 7 — Alonzo MOURNING 알론조 모닝 — C
1970.02.08 / 208cm / 1992 드래프트 1R-2

시즌 MVP 투표 3위 / 올-NBA 세컨드팀 / 올-디펜시브 퍼스트팀
올해의 수비선수상 / 올스타전 출전 / 블락 1위 / 효율성 3위
윈셰어 5위

1999-2000 마이애미 79경기 평균 34.8분

항목	PTS	RB	AS	ST	BL
경기 평균	21.7	9.5	1.6	0.5	3.7
36분 기준	22.5	9.9	1.6	0.5	3.9

항목	TS	MS	3PS	FT	LU	DK	ID	OD	ST	BL
평점	B-	D	D-	B	A+	A	D	A	D	A+
항목	ORC	DRC	PS	BH	BQ	SP	PO	ED	HS	OG
평점	A-	A+	D-	D-	B	D+	A	A+	A	A

G 8 — Tim HARDAWAY 팀 하더웨이 — PG
1966.09.01 / 183cm / 1989 드래프트 1R-14

특이사항 없음

1999-2000 마이애미 52경기 평균 32.2분

항목	PTS	RB	AS	ST	BL
경기 평균	13.4	2.9	7.4	0.9	0.1
36분 기준	15.0	3.2	8.3	1.1	0.1

항목	TS	MS	3PS	FT	LU	DK	ID	OD	ST	BL
평점	B	B	B-	B-	A	D-	D-	A-	C	D-
항목	ORG	DRG	PS	BH	BQ	SP	PO	ED	HS	OG
평점	D-	D-	A-	A	A	A-	C-	A-	A	B+

F 9 — VINCE CARTER 빈스 카터 — SF-SG
1977.01.26 / 198cm / 1998 드래프트 1R-5

시즌 MVP 투표 10위 / 올-NBA 서드팀 / 올스타전 출전
득점 4위 / 효율성 10위 / 윈셰어 7위

1999-2000 토론토 82경기 평균 38.1분

항목	PTS	RB	AS	ST	BL
경기 평균	25.7	5.8	3.9	1.3	1.1
36분 기준	24.3	5.5	3.7	1.3	1.1

항목	TS	MS	3PS	FT	LU	DK	ID	OD	ST	BL
평점	A-	B	B+	C+	A-	A+	D-	B-	D-	D-
항목	OR3	DR3	PS	BH	BQ	SP	PO	ED	HS	OG
평점	B-	D	B-	B	B	B+	D-	A+	A-	A

F 10 — Kevin GARNETT 케빈 가넷 — PF-C
1976.05.19 / 211cm / 1995 드래프트 1R-5

시즌 MVP 투표 2위 / 올-NBA 퍼스트팀 / 올-디펜시브 퍼스트팀
올해의 수비선수상 투표 7위 / 올스타전 출전 / 득점 10위
리바운드 4위 / 효율성 7위 / 윈셰어 8위

1999-2000 미네소타 81경기 평균 40.0분

항목	PTS	RB	AS	ST	BL
경기 평균	22.9	11.8	5.0	1.5	1.6
36분 기준	20.6	10.6	4.5	1.3	1.4

항목	TS	MS	3PS	FT	LU	DK	ID	OD	ST	BL
평점	A+	A	D+	C+	B-	A+	A+	D-	B-	B
항목	ORB	DRB	PS	BH	BQ	SP	PO	ED	HS	OG
평점	A-	A	D+	C	A-	B+	B+	A+	A+	A

F 11 — Vin BAKER 빈 베이커 — PF-C
1971.11.23 / 211cm / 1993 드래프트 1R-8

특이사항 없음

1999-2000 시애틀 79경기 평균 36.1분

항목	PTS	RB	AS	ST	BL
경기 평균	16.6	7.7	1.9	0.6	0.8
36분 기준	16.6	7.7	1.9	0.6	0.8

항목	TS	MS	3PS	FT	LU	DK	ID	OD	ST	BL
평점	B	C+	C-	C-	C+	C	B-	D-	D+	D-
항목	ORB	DRB	PS	BH	BQ	SP	PO	ED	HS	OG
평점	B	B-	D	D+	B+	D	C+	A	B+	B

G 12 — Ray ALLEN 레이 앨런 — SG
1975.07.20 / 196cm / 1996 드래프트 1R-5

올스타전 출전

1999-2000 밀워키 82경기 평균 37.4분

항목	PTS	RB	AS	ST	BL
경기 평균	22.1	4.4	3.8	1.3	0.2
36분 기준	21.2	4.2	3.6	1.3	0.2

항목	TS	MS	3PS	FT	LU	DK	ID	OD	ST	BL
평점	A-	A-	A+	A-	A-	B	D-	C-	B-	D-
항목	ORG	DRG	PS	BH	BQ	SP	PO	ED	HS	OG
평점	C	D-	C	C+	B	A-	D+	A+	B-	A

F 13 — Antonio MCDYESS 앤토니오 맥다이스 — PF-C
1974.09.07 / 206cm / 1995 드래프트 1R-2

특이사항 없음

1999-2000 덴버 81경기 평균 33.3분

항목	PTS	RB	AS	ST	BL
경기 평균	19.1	8.5	2.0	0.9	1.7
36분 기준	20.7	9.1	2.1	0.9	1.9

항목	TS	MS	3PS	FT	LU	DK	ID	OD	ST	BL
평점	A	B+	D-	B-	C+	A	B+	D-	D-	D+
항목	ORB	DRB	PS	BH	BQ	SP	PO	ED	HS	OG
평점	B+	B+	D-	D-	B	D-	A	A	A	B+

G 14 — Gary PAYTON 게리 페이튼 — PG
1968.07.23 / 193cm / 1990 드래프트 1R-2

시즌 MVP 투표 6위 / 올-NBA 퍼스트팀 / 올-디펜시브 퍼스트팀
올해의 수비선수상 투표 5위 / 올스타전 출전 / 득점 7위
어시스트 4위 / 스틸 8위 / 효율성 8위 / 윈셰어 3위

1999-2000 시애틀 82경기 평균 41.8분

항목	PTS	RB	AS	ST	BL
경기 평균	24.2	6.5	8.9	1.9	0.2
36분 기준	20.8	5.6	7.7	1.6	0.2

항목	TS	MS	3PS	FT	LU	DK	ID	OD	ST	BL
평점	B-	A	B+	B-	A-	B-	D-	A	B+	D-
항목	ORG	DRG	PS	BH	BQ	SP	PO	ED	HS	OG
평점	C+	A+	B+	A-	A	A	D	A-	A	-

F 15 — Shareef ABDUR-RAHIM 샤리프 압둘라힘 — PF-SF
1976.12.11 / 206cm / 1996 드래프트 1R-3

리바운드 6위

1999-2000 밴쿠버 82경기 평균 39.3분

항목	PTS	RB	AS	ST	BL
경기 평균	20.3	10.1	3.3	1.1	1.1
36분 기준	18.6	9.2	3.0	1.0	1.0

항목	TS	MS	3PS	FT	LU	DK	ID	OD	ST	BL
평점	B+	B+	C-	B-	C	B-	D-	C+	D-	C+
항목	OR3	DR3	PS	BH	BQ	SP	PO	ED	HS	OG
평점	A-	A	D+	C-	B-	D+	C+	A	B-	B

MATCH SUMMARY 확 좁혀진 세계와의 격차. 노란불 켜진 미국 농구

미국 대표팀은 2000년 시드니 올림픽에서 정상에 올랐다. 이로써 NBA 스타들이 출전하기 시작한 1992년 이후 3회 연속 금메달을 획득했다.

미국은 9월 17일, 첫 경기에서 중국을 상대로 119-72로 승리했다. 이미 전반에만 22점 차이로 벌렸고, 후반에도 일방적인 경기를 펼쳤다. 레이 앨런이 21점을 올리며 공격을 주도했고, 케빈 가넷이 8리바운드를 잡아냈다.

2차전에선 이탈리아를 93-61로 제압했다. 빈스 카터가 13점 가넷이 9리바운드, 제이슨 키드가 7어시스트로 선봉에 섰다.

리투아니아와 치른 예선 3차전은 고전했다. 미국은 전반을 접전 끝에 47-41, 6점 차이로 앞선 채 하프 타임을 맞았다. 후반에도 격차는 벌어지지 않았고, 결국 미국이 85-76, 한 자릿 수 승리를 거뒀다. 게리 페이튼이 14점을 올렸고, 가넷이 11리바운드를 따냈다.

4차전은 살짝 쉬어가는 일정이었다. 뉴질랜드를 상대로 초반부터 일방적으로 앞서 나갔고, 최종 스코어 102-56의 완승을 이끌었다. 카터와 앨런 휴스턴 18점, 가넷 11리바운드, 키드 8어시스트로 승리의 주역이 되었다.

예선 5차전에서 유럽 강호 프랑스와 치열한 접전을 펼쳤다. 전반을 59-48로 앞섰고, 그 스코어 차이 대부분이 경기 종료까지 이어져 106-94로 이겼다. 앤토니오 맥다이스가 20점 11리바운드, 가넷이 19점 11리바운드를 각각 기록했다.

8강전 상대는 러시아였다. 전반 중반까지는 팽팽했지만, 후반 10분 이후 미국으로 승세가 기울었고, 85-70으로 미국이 승리했다. 가넷이 16점 11리바운드를 따내 주인공이 되었다.

미국은 준결승에서 리투아니아를 다시 만나 85-83으로 신승했다. 이 경기는 1992년 이후 미국이 치렀던 올림픽 경기 중 가장 힘든 한판이었다. 두 나라는 경기 막판 90초 동안 랠리를 펼쳤다. 경기 종료 직전, 리투아니아는 역전 버저비터 3점 슛을 시도했지만, 살짝 짧았다.

결승전에서도 리턴 매치가 이뤄졌다. 상대는 프랑스. 미국은 전반을 13점 앞선 채 끝냈지만, 후반에 프랑스로부터 거센 추격을 받았다. 특히, 종료 4분 26초 전에는 76-72로 4점 차까지 좁혀졌다. 하지만 미국은 이때부터 저력을 발휘해 경기를 컨트롤 했고, 결국 85-75로 승리했다. 레이 앨런이 13점, 알론조 모닝과 키드가 7리바운드씩 잡아냈다.

미국은 시드니 올림픽에서 대회 3연패(連霸)를 이뤄냈다. 일단 목표는 달성한 셈이다. 그러나 유럽 상위권 팀들과의 경기에서 예전처럼 압도적인 모습을 보이지 못했다. 심지어 리투아니아에는 질 뻔했다. 이제 1992년의 드림팀은 더 존재하지 않는다. "세계 농구가 평준화되었다"는 현실을 일깨워주었다. 그 현실은 4년 후 '아테네 참사'로 이어진다.

2000 OLYMPIC PERFORMANCE

USA NATIONAL TEAM vs. OPPONENTS PER GAME STATS

미국 vs 상대국

	득실점	F↑ 필드골성공	FG% 필드골 %	3↑ 3점슛성공	3P% 3점슛 %	⊖ 자유투성공	FT% 자유투 %	OR 공격리바운드	RB 리바운드	A↑ 어시스트	스틸	블락	턴오버	파울

95.0	73.4	33.8 **F↑** 23.4	51.9% **FG%** 39.0%	6.8 **3↑** 6.3	42.2% **3P%** 28.1%	20.8 ⊖ 20.4	72.2% **FT%** 68.2%
14.3 **OR** 9.1	42.6 **RB** 25.0	19.0 **A↑** 13.3	7.0 (blk) 4.4	3.6 (stl) 2.0	14.9 (to) 13.9	24.5 (pf) 23.6	

2000 SYDNEY OLYMPIC RESULT

2000.09.17(일)	1st. HALF	2nd. HALF	T	FG	3P	FT	RB	AS
미국	60	59	119	44-77	7-15	24-34	50	29
중국	38	34	72	22-62	8-27	20-25	24	14

미국 최다 : R.앨런 21점 / K.가넷 8RB / G.페이튼 7AS
중국 최다 : 왕즈즈 13점 / 궈치앙 5RB / 궈치앙 6AS

2000.09.19(화)	1st. HALF	2nd. HALF	T	FG	3P	FT	RB	AS
이탈리아	35	26	61	21-64	6-30	13-24	28	13
미국	45	48	93	35-55	6-12	17-30	41	18

이탈리아 최다 : C.마이어스 11점 / A.메네긴 6RB / A.메네긴 4AS
미국 최다 : V.카터 13점 / K.가넷 9RB / J.키드 7AS

2000.09.21(목)	1st. HALF	2nd. HALF	T	FG	3P	FT	RB	AS
리투아니아	41	35	76	23-60	3-16	27-43	34	17
미국	47	38	85	25-70	6-18	29-33	53	11

리투아니아 최다 : D.송갈리아 16점 / D.송갈리아 8RB / S.야시케비시우스 6AS
미국 최다 : G.페이튼 14점 / K.가넷 11RB / J.키드, A.맥다이스, A.모닝, R.앨런 2AS

2000.09.23(토)	1st. HALF	2nd. HALF	T	FG	3P	FT	RB	AS
미국	58	44	102	38-63	10-24	16-25	38	26
뉴질랜드	32	24	56	18-60	10-26	10-18	26	10

미국 최다 : V.카터 18점 / K.가넷 6RB / J.키드 6AS
뉴질랜드 최다 : S.막스 10점 / S.막스 6RB / P.헤나레 3AS

2000.09.25(월)	1st. HALF	2nd. HALF	T	FG	3P	FT	RB	AS
미국	59	47	106	41-74	7-15	17-20	43	22
프랑스	48	46	94	29-59	6-20	30-38	19	13

미국 최다 : A.맥다이스 20점 / K.가넷, A.맥다이스 11RB / J.키드 6AS
프랑스 최다 : L.시아라 21점 / Y.보나토, S.리자셰 3RB / L.시아라 4AS

2000.09.28(목)	1st. HALF	2nd. HALF	T	FG	3P	FT	RB	AS
러시아	41	29	70	23-52	4-17	20-33	23	14
미국	46	39	85	34-69	4-10	13-20	44	19

러시아 최다 : A.바시미노프 12점 / N.모르구노프 6RB / E.파추틴 6AS
미국 최다 : K.가넷 16점 / K.가넷 11RB / J.키드 8AS

2000.09.29(금)	1st. HALF	2nd. HALF	T	FG	3P	FT	RB	AS
리투아니아	36	47	83	28-65	7-22	20-25	26	14
미국	48	37	85	29-61	6-16	21-30	37	14

리투아니아 최다 : S.야시케비시우스 27점 / S.스톰베르가스 5RB / S.야시케비시우스 4AS
미국 최다 : V.카터 18점 / K.가넷 14RB / K.가넷 4AS

2000.10.01(일)	1st. HALF	2nd. HALF	T	FG	3P	FT	RB	AS
프랑스	23	43	75	23-57	6-20	23-33	20	11
미국	46	39	85	24-51	8-18	29-38	35	13

프랑스 최다 : L.시아라 19점 / L.시아라 4RB / L.시아라 4AS
미국 최다 : R.앨런 13점 / A.모닝, J.키드 7RB / G.페이튼 3AS

PLAYER STATS PER GAME

PER GAME	G-GS	MP	FG	FGA	FG%	3P	3PA	3P%	2P	2PA	2P%	FT	FTA	FT%	ORB	DRB	TRB	AST	STL	BLK	TOV	PF	PTS
Vince Carter	8	22.6	5.1	10.1	0.506	1.4	3.4	0.407	3.8	6.8	0.556	3.1	4.5	0.694	2.3	1.4	3.6	1.4	1.0	0.0	0.4	2.5	14.8
Kevin Garnett	8	22.1	4.6	8.5	0.544	0.0	0.0	—	4.6	8.5	0.544	1.5	2.4	0.632	3.3	5.9	9.1	2.1	1.1	0.3	1.6	2.4	10.8
Alonzo Mourning	6	22.7	3.7	6.2	0.595	0.0	0.3	0.000	3.7	5.8	0.629	2.8	3.3	0.850	0.8	3.3	4.2	1.3	0.2	0.2	1.5	3.2	10.2
Ray Allen	8	15.9	3.5	6.5	0.538	1.3	2.4	0.526	2.3	4.1	0.545	1.5	1.5	1.000	0.3	1.6	1.9	1.3	0.9	0.1	0.9	1.9	9.8
Allan Houston	7	16.0	2.6	5.4	0.474	1.7	2.9	0.600	0.9	2.6	0.333	1.1	1.4	0.800	0.3	1.6	1.9	1.0	0.6	0.3	0.7	1.1	8.0
Vin Baker	8	13.8	2.9	4.5	0.639	0.0	0.0	—	2.9	4.5	0.639	2.3	3.9	0.581	1.4	1.6	3.0	0.8	0.3	0.0	1.1	1.6	8.0
Antonio McDyess	8	14.8	3.4	5.0	0.675	0.0	0.0	—	3.4	5.0	0.675	0.9	1.9	0.467	2.1	3.8	5.9	0.9	0.5	0.4	1.5	2.8	7.6
Shareef Abdur-Rahim	8	10.1	2.1	3.9	0.548	0.0	0.1	0.000	2.1	3.8	0.567	2.1	2.6	0.810	1.1	2.1	3.3	0.1	0.4	0.4	0.3	1.6	6.4
Steve Smith	8	15.4	1.4	3.0	0.458	0.5	1.1	0.444	0.9	1.9	0.467	2.9	3.6	0.793	0.4	2.0	2.4	1.4	0.4	0.0	1.8	2.1	6.1
Jason Kidd	8	20.1	2.0	3.9	0.516	0.5	1.0	0.500	1.5	2.9	0.522	1.5	1.9	0.800	1.4	3.9	5.3	4.4	1.1	0.0	2.6	2.4	6.0
Gary Payton	8	20.5	1.9	5.4	0.349	0.3	1.3	0.200	1.6	4.1	0.394	1.5	2.1	0.706	0.8	1.4	2.1	3.4	1.1	0.5	2.0	2.8	5.5
Tim Hardaway	8	13.4	1.9	4.9	0.385	1.4	4.0	0.344	0.5	0.9	0.571	0.5	0.9	0.600	0.2	0.9	1.4	1.5	0.3	0.0	1.0	1.1	5.5

BRONZE TEAM

NBA 스타들 올림픽 출전 이후 첫 번째 쓴잔

2002~2004년, 국제무대에서의 미국 농구는 그야말로 암흑기였다. 미국은 2002 FIBA 월드컵에서 자국 농구 역사상 최악인 6위에 머물렀다(하물며 미국은 개최국이었다). 그리고 2년 뒤 열린 2004 아테네 올림픽에서도 8전 5승 3패, 승률 62.5%로 대표팀의 메이저대회 출전 사상 최저 승률을 기록하며 동메달에 머물렀다. 두 대회 사이인 2003년 FIBA 아메리카컵에선 미국이 10전 전승으로 우승했지만, 그건 중요하지 않았다.

미국은 월드컵 때 조지 칼 감독이 지휘봉을 잡아 참패한 후 아메리카컵 때 래리 브라운 감독에게 지휘봉을 맡겨 우승하면서 잠시 숨을 골랐다. 그러나 브라운 감독은 가장 중요한 올림픽에서 처참히 실패하며 본인의 화려했던 지도자 커리어에 큰 흠을 남겼다.

미국은 올림픽 기간 내내 휘청거렸다. 첫 경기인 푸에르토리코전에서 73-92, 무려 19점 차로 완패했다. 역대 미국 대표팀의 최다 점수 차 패배였다. 그리고 리투아니아에도 90-94로 덜미를 잡혔다. 그리스, 호주를 상대로도 고전 끝에 이겼다. 미국이 그나마 쉽게 이긴 유일한 경기는 아프리카 앙골라와의 5차전뿐이다. 8강 스페인전에서도 4쿼터 마지막 순간까지 안심할 수 없었고, 아르헨티나와의 준결승에서 81-89로 무릎을 꿇었다. 3위 결정전에서 리투아니아에 104-96으로 승리하며 그나마 동메달을 건질 수 있었다.

미국이 참패한 건 여러 가지 이유가 있다. 전력 자체가 약했다.

브라운 감독이 지휘봉을 잡고 참가했던 2003년 아메리카컵 우승 멤버 중 올림픽에 출전한 선수는 앨런 아이버슨, 팀 던컨, 리처드 제퍼슨 딱 3명뿐이다. 숀 매리언은 2002 월드컵에 참가하고, 아메리카컵에서 제외됐다가 올림픽에서 재소집된 경우였다.

그리고, 선수들의 퀄리티 자체도 문제였다. 이 책 25페이지에 아테네 올림픽 엔트리의 2003-04시즌 개인상 수상 혹은 노미네이트 순위, 부문별 스탯 랭킹이 나와 있다. 이걸 보면 한숨만 나온다. 팀 던컨을 제외한 다른 선수들의 칸은 거의 텅텅 비어있다. 아무것도 없다는 얘기다. 다른 올림픽에 참가한 선수들의 해당 연도 프로필이 꽉꽉 차 있는 것과 극명하게 비교된다.

'USA 2004'의 뎁스가 얇아진 또 다른 이유는 NBA 최고 선수들의 불참 선언 때문이다. 코비 브라이언트와 제이슨 키드는 올림픽 직전 알려진 그리스 내에서의 테러 위협 때문에 몸을 사리고 불참 의사를 밝혔다. 더구나 이때 올림픽에 참가한 선수들도 이 문제로 몸 컨디션, 정신 상태가 100%는 아니었다.

가장 결정적인 건 센터 부재였다. 요즘은 많이 바뀌었지만, 그 당시까지만 해도 역시 농구는 '센터 싸움'이었다. 2004년 실질적인 센터는 팀 던컨 1명이었다. 그가 만약 파울 트러블에 걸리면 대책이 없었다. 던컨 외에 빅맨 역할을 한 선수들은 아마레 스타더마이어, 카를로스 부저, 숀 매리언, 라마 오돔 등이다. 이중 스타더마이어와 부저는 공격에만 능한 '원웨이 플레이어'였고, 매리언은 원래 3번이지만 임시방편으로 4번을 맡았다. 그나마 오돔이 올림픽에서 빅맨 역할을 어느정도 수행해 숨통을 살짝 틔웠을 뿐이다.

그렇다고 외곽이 좋은 것도 아니었다. 골밑 불안 때문에 포워드를 8~9명이나 뽑다 보니, 순수한 가드는 드웨인 웨이드, 아이버슨, 마버리 단 3명이었다. 공격에서는 아이버슨과 마버리가 3점 슛을 여러 차례 시도하며 평타 이상은 해줬다. 그러나 외곽 수비는 형편없었다.

국제 농구의 평준화도 미국의 실패에 한몫했다. 이런 기조는 이미 2000 시드니 올림픽부터 나타나기 시작했다. 4년 전 준결승에서 리투아니아에 거의 질 뻔했었고, 프랑스와의 결승전도 결코 쉽지않았다. 1992년, 1996년과는 아예 판 자체가 달랐다. 이미 외국 선수들의 눈에서 미국 스타들에 대한 경외심은 없어진 지 오래다. 전혀 위축되지 않고 당당히 플레이하니, 실력+α가 나오는 건 당연했다.

2004년의 실패는 '리딤팀' 탄생의 기폭제가 되었다.

TEAM 2004 SUMMARY

8전 5승 3패 88.1득점 83.5실점 +4.6 엔트리 12명 평균 23.6세 201cm / 로테이션 9명 평균 24.6세 199cm / 베스트 5 평균 26.4세 197cm

TEAM POTENTIAL

83점

9위

하프코트 세트오펜스 9점 | 트랜지션 오펜스 8점 | 하프코트 세트디펜스 8점 | 트랜지션 디펜스 9점 | 리바운드 9점

선수층 8점 | 선수 경험치 7점 | 감독 리더십 9점 | 인기, 스타성 8점 | 글로벌 영향 8점

*각 항목은 10점 만점, 평가는 올림픽에 참가한 1992~2024년 미국 대표 9개팀 사이의 상대평가

Player's Functions

Ball Handlers
A.아이버슨
S.마버리
L.제임스

Pull-Ups
A.아이버슨
L.제임스
D.웨이드

Catch & Shoot
D.웨이드
R.제퍼슨
A.아이버슨

3 Pointers
A.아이버슨
S.마버리
L.오돔

Slam Dunkers
D.웨이드
L.제임스
R.제퍼슨

Free Throw
L.제임스
T.던컨
A.아이버슨

Rebounders
T.던컨
C.부저
S.매리언

1-1 Defenders
T.던컨
D.웨이드
A.아이버슨

Ball Stealers
D.웨이드
L.오돔
A.아이버슨

Key Passes
S.마버리
L.제임스
D.웨이드

Hustle Players
T.던컨
D.웨이드
A.아이버슨

Rim Protectors
A.스타더마이어
T.던컨

SQUAD & TACTICS

PF
라마 오돔
에메카 오카포
아마레 스타더마이어

C
팀 던컨
카를로스 부저

SF
리처드 제퍼슨
숀 매리언
카멜로 앤소니

SG
앨런 아이버슨
드웨인 웨이드

PG
스테판 마버리
르브론 제임스

Larry Brown 래리 브라운
생년월일 : 1940.09.14
출생지 : 미국 뉴욕주 뉴욕시

현역 시절 ABA에서 나름 잘 나가는 포인트가드였고, 지도자로서도 풍부한 경험을 지닌 인물이다. ABA 및 NBA 통틀어 1327승 1011패(승률 56.8%)의 기록을 남겼고, 감독으로서 NCAA와 NBA에서 모두 우승을 경험한 유일한 지도자다. 정점은 역시 디트로이트를 이끌고 2003-2004 NBA 파이널에서 LA 레이커스를 4-1로 완파하고 우승했던 때다. 당시 레이커스는 코비, 샥, 칼 말론이 포진한 무서운 팀이었지만 막강한 수비로 상대를 완벽히 틀어막았다. 그러나 2004 아테네 올림픽 때 동메달에 머물러 커리어에 큰 상처를 남겼다.

TS	MS	3PS	FT	LU	DK	ID	OD	ST	BL	ORG	OR3	ORB	DRG	DR3	DRB	PS	BH	BQ	SP	PO	ED	HS	OG
팁슛	중거리	3점	자유투	레이업	슬램	안쪽	외곽	스틸	블락	가드	SF	빅맨	가드	SF	빅맨	패스	볼	농구	스피드	파워	지구력	허슬	종합
성공률	슈팅	슈팅	성공률	플로터	덩크	수비	수비			공격RB	공격RB	공격RB	수비RB	수비RB	수비RB		핸들링	IQ				플레이	평가

G 4 — Allen IVERSON 앨런 아이버슨 — PG-SG
1975.06.07 / 182cm / 1996 드래프트 1R-1
올스타전 출전

2003-04 필라델피아 48경기 평균 42.5분

항목	PTS	RB	AS	ST	BL
경기 평균	26.4	3.7	6.8	2.4	0.1
36분 기준	22.3	3.1	5.7	2.0	0.1

TS	MS	3PS	FT	LU	DK	ID	OD	ST	BL
C+	B-	C+	B+	A-	A	D+	A	B	D-

ORG	DRG	PS	BH	BQ	SP	PO	ED	HS	OG
D-	D-	A-	A+	A-	A+	D+	A+	A+	A

G 5 — Stephon MARBURY 스테판 마버리 — PG
1977.02.20 / 187cm / 1996 드래프트 1R-4
어시스트 2위

2003-04 피닉스+뉴욕 81경기 평균 40.2분

항목	PTS	RB	AS	ST	BL
경기 평균	20.2	3.2	8.9	1.6	0.1
36분 기준	18.1	2.9	8.0	1.4	0.1

TS	MS	3PS	FT	LU	DK	ID	OD	ST	BL
A-	B	C+	B	B+	D-	D-	C+	B+	D

ORG	DRG	PS	BH	BQ	SP	PO	ED	HS	OG
D-	D-	B	B+	B+	D	B+	A-	B	

G 6 — Dwyane WADE 드웨인 웨이드 — SG
1982.01.17 / 193cm / 2003 드래프트 1R-5
올해의 신인상 투표 3위

2003-04 마이애미 61경기 평균 34.9분

항목	PTS	RB	AS	ST	BL
경기 평균	16.2	4.0	4.5	1.4	0.6
36분 기준	16.8	4.2	4.7	1.5	0.6

TS	MS	3PS	FT	LU	DK	ID	OD	ST	BL
A-	B	C+	C+	A	A	D+	A	B	D-

ORG	DRG	PS	BH	BQ	SP	PO	ED	HS	OG
B	D-	A-	B+	A-	A+	C+	A	A	

F 7 — Carlos BOOZER 카를로스 부저 — PF-C
1981.11.20 / 205cm / 2002 드래프트 2R-35
기량 발전상 투표 2위 / 리바운드 5위

2003-04 클리블랜드 75경기 평균 34.6분

항목	PTS	RB	AS	ST	BL
경기 평균	15.5	11.4	2.0	1.0	0.7
36분 기준	16.1	11.9	2.1	1.0	0.8

TS	MS	3PS	FT	LU	DK	ID	OD	ST	BL
A	B-	D-	C-	B-	B-	C+	D-	C-	D

ORB	DRB	PS	BH	BQ	SP	PO	ED	HS	OG
B	A-	D-	D-	C-	D-	A	A	D	

F 8 — Carmelo ANTHONY 카멜로 앤소니 — SF-PF
1984.05.29 / 203cm / 드래프트 2003 1R-3
시즌 MVP 투표 14위 / 올해의 신인상 투표 2위

2003-04 덴버 82경기 평균 36.5분

항목	PTS	RB	AS	ST	BL
경기 평균	21.0	6.1	2.8	1.2	0.5
36분 기준	20.7	6.0	2.7	1.2	0.5

TS	MS	3PS	FT	LU	DK	ID	OD	ST	BL
C+	A+	B-	C+	B+	A	C	C-	C+	D+

OR3	DR3	PS	BH	BQ	SP	PO	ED	HS	OG
B+	D-	B	A	B-	A-	B-	A+	B-	C

F 9 — LeBron JAMES 르브론 제임스 — SF-PG
1984.12.30 / 203cm / 2003 드래프트 1R-1
시즌 MCP 투표 9위 / 올해의 신인상

2003-04 클리블랜드 79경기 평균 39.5분

항목	PTS	RB	AS	ST	BL
경기 평균	20.9	5.5	5.9	1.6	0.7
36분 기준	19.1	5.0	5.4	1.5	0.7

TS	MS	3PS	FT	LU	DK	ID	OD	ST	BL
B+	B-	B-	D+	A+	A+	C+	A	B	D-

ORG	DRG	PS	BH	BQ	SP	PO	ED	HS	OG
C+	D+	B	B	A	A	B	A+	B-	

C 10 — Emeka OKAFOR 에메카 오카포 — PF-C
1982.09.28 / 207cm / 2004 드래프트 1R-2
코네티컷 출신 2004-05시즌 신인 / 2004 NCAA 우승
2004 NCAA 파이널포 MOP / 올-어메리칸 퍼스트팀

2003-04시즌 코네티컷 소속. NBA 기록 없음

항목	PTS	RB	AS	ST	BL
경기 평균	—	—	—	—	—
36분 기준	—	—	—	—	—

TS	MS	3PS	FT	LU	DK	ID	OD	ST	BL
—	—	—	—	—	—	—	—	—	—

ORB	DRB	PS	BH	BQ	SP	PO	ED	HS	OG
—	—	—	—	—	—	—	—	—	—

F 11 — Shawn MARION 숀 매리언 — PF-SF
1978.05.07 / 200cm / 1999 드래프트 1R-9
스틸 2위

2003-04 피닉스 79경기 평균 40.7분

항목	PTS	RB	AS	ST	BL
경기 평균	19.0	9.3	2.7	2.1	1.3
36분 기준	16.8	8.2	2.4	1.9	1.2

TS	MS	3PS	FT	LU	DK	ID	OD	ST	BL
B+	C-	C+	B-	B-	B+	B-	B	B+	C+

OR3	DR3	PS	BH	BQ	SP	PO	ED	HS	OG
A-	B+	D-	B-	B	D+	B+	A-	A+	

C 12 — Amare STOUDEMIRE 아마레 스타더마이어 — PF-C
1982.11.16 / 208cm / 2002 드래프트 1R-9
특이사항 없음

2003-04 피닉스 55경기 평균 36.8분

항목	PTS	RB	AS	ST	BL
경기 평균	20.6	9.0	1.4	1.2	1.6
36분 기준	20.1	8.8	1.4	1.1	1.6

TS	MS	3PS	FT	LU	DK	ID	OD	ST	BL
B	A-	D-	A-	C	C+	A	B	D-	B+

ORB	DRB	PS	BH	BQ	SP	PO	ED	HS	OG
C	B	D-	C-	C+	B-	B-	B	B+	

F 13 — Tim DUNCAN 팀 던컨 — PF-C
1976.04.25 / 211cm / 1997 드래프트 1R-1
시즌 MVP 투표 2위 / 올-NBA 퍼스트팀 / 올-디펜시브 세컨드팀
올해의 수비선수상 투표 7위 / 올스타전 출전 / 득점 8위
리바운드 2위 / 블락 4위 / 효율성 2위 / 원세어 3위

2003-04 샌안토니오 69경기 평균 36.6분

항목	PTS	RB	AS	ST	BL
경기 평균	22.3	12.4	3.1	0.9	2.7
36분 기준	21.9	12.2	3.0	0.9	2.6

TS	MS	3PS	FT	LU	DK	ID	OD	ST	BL
A	A	A	D+	C+	B	A+	D+	D+	A

ORB	DRB	PS	BH	BQ	SP	PO	ED	HS	OG
A	A+	B-	D	A	D+	A	A+	A+	A+

F 14 — Lamar ODOM 라마 오돔 — PF-SF
1979.11.06 / 208cm / 1999 드래프트 1R-4
기량 발전상 투표 6위

2003-04 마이애미 80경기 평균 37.5분

항목	PTS	RB	AS	ST	BL
경기 평균	17.1	9.7	4.1	1.1	0.9
36분 기준	16.4	9.3	3.9	1.0	0.9

TS	MS	3PS	FT	LU	DK	ID	OD	ST	BL
B	C-	C	C+	D+	C	B-	C-	C-	D+

ORB	DRB	PS	BH	BQ	SP	PO	ED	HS	OG
C	B	D-	C	B-	C	B	B	B	

F 15 — Richard JEFFERSON 리차드 제퍼슨 — SF-SG
1980.06.21 / 200cm / 2001 드래프트 1R-13
기량 발전상 투표 19위 / 원세어 9위

2003-04 뉴저지 82경기 평균 38.2분

항목	PTS	RB	AS	ST	BL
경기 평균	18.5	5.7	3.8	1.1	0.3
36분 기준	17.4	5.3	3.6	1.0	0.3

TS	MS	3PS	FT	LU	DK	ID	OD	ST	BL
B	B+	B	B	B	A	C-	C	C	D-

OR3	DR3	PS	BH	BQ	SP	PO	ED	HS	OG
C-	D-	D+	C+	B-	D-	A+	B	B	

MATCH SUMMARY 5승 3패, 역대 올림픽 출전 역사상 최악의 성적표

2004년 아테네 올림픽은 세계 농구계에 일대 태풍을 몰고 왔다. 그리고 그 태풍의 영향으로 가장 큰 피해를 본 팀이 바로 미국 대표팀이었다. 미국은 이 대회에서 8경기를 치르며 3번이나 졌다. 앙골라전을 제외하곤 모든 경기에서 고전했다. 이제 더이상 '드림팀'이라는 레테르가 국제무대에서 통하지 않는 시대가 온 것이다.

미국은 첫 단추부터 잘못 끼웠다. 푸에르토리코에 졌다. 그것도 무려 19점 차 대패. 푸에르토리코에서는 카를로스 아로요가 24점으로 미국을 맹폭했다. 미국에서는 앨런 아이버슨, 팀 던컨이 15점씩 넣었지만, 다른 선수들이 별다른 활약을 하지 못해 망신을 당했다.

2차전 상대는 홈팀 그리스였다. 그리스도 만만치 않았다. 그리스 선수들은 미국이 이미 푸에르토리코에 크게 진 것을 봤기에 전혀 겁을 먹지 않았다. 미국은 4쿼터 내내 살얼음판을 걸었고, 결국 77-71로 힘겹게 승리했다. 아이버슨이 17점, 던컨이 9리바운드를 따냈다.

호주와의 3차전도 진을 뺀 경기였다. 미국은 3쿼터까지 호주에 65-67로 지고 있었다. 아이버슨, 던컨의 '불꽃 활약'으로 4쿼터를 24-12로 앞서며 89-79로 역전승했다. 던컨은 결승골을 포함, 18점 11리바운드를 기록하며 제 몫을 해냈다.

리투아니아와 4년 전 리턴매치를 치렀다. 상대 선수들은 전의를 불태웠다. 그리고 결국 94-90으로 미국을 쓰러트렸다. 주포 야시케비시우스가 28점을 폭발시켰고, 스톰베르가스가 리바운드 10개를 걷어내 승리의 주역이 됐다. 미국에서는 리처드 제퍼슨이 20점, 던컨이 12리바운드를 올리며 맞섰지만 역부족이었다.

미국은 5차전에서 약체 앙골라를 만나 89-53으로 크게 이겼다. 앙골라전은 미국이 이 대회에서 유일하게 마음 편히 치른 경기였다.

던컨이 15점, 카를로스 부저가 9리바운드를 걷어냈다.

8강 결승 토너먼트 상대는 유럽의 또 다른 강호 스페인이었다. 두 팀은 전반에는 팽팽한 접전을 이어갔다. 그러나 3쿼터에 스테판 마버리의 득점이 폭발하면서 승부가 미국으로 기울었다. 최종 스코어는 102-94로 미국의 승리. 마버리가 31점으로 주인공이 되었다.

아르헨티나와 치른 준결승. 미국의 올림픽 여정은 여기에서 끝났다. 아르헨티나에 81-89로 무릎을 꿇었다. 미국은 전반을 38-43, 5점 차로 뒤진 채 끝냈고, 3쿼터 종료 시점엔 13점 차로 벌어졌다. 4쿼터에 열심히 추격했지만, 결과를 뒤집지 못했다. 아르헨티나의 89-81 승리. 아르헨티나에서는 마누 지노빌리가 29점, 미국에서는 마버리가 18점을 각각 넣었다.

미국은 동메달 결정전에서 리투아니아와 재대결했다. 리투아니아는 3점슛 전술(37회 시도 21회 성공)로 나섰고, 미국은 확률 높은 공격과 리바운드 장악(40-25 우세), 골밑 돌파에 이은 슈팅 파울 얻어내기(자유투 시도 횟수 34-17로 우세)로 맞섰다. 팽팽하던 경기는 4쿼터에 우열이 가려졌고, 미국이 104-96으로 승리했다.

이 대회를 통해 미국은 "더 이상 무적의 팀이 아니다"라는 교훈을 얻었다.

2004 OLYMPIC PERFORMANCE

USA NATIONAL TEAM vs. OPPONENTS PER GAME STATS

미국 vs 상대국

	득실점		FI 필드골성공	FG% 필드골	3I 3점슛성공	3P% 3점슛	FT% 자유투성공	OR 자유투	RB 공격리바운드	AI 리바운드	어시스트	스틸	블락	턴오버	파울

88.1	(ball)	83.5	32.4 FI 29.1	45.8% FG% 48.3%	5.5 3I 10.8	31.4% 3P% 44.1%	17.9 (FT) 14.5	66.8% FT% 67.8%
16.0 OR 6.0		39.0 RB 28.1	15.1 AI 11.1	10.8 (mask) 5.6	4.1 (ball) 2.4	14.0 (arrow) 16.8	22.8 (foul) 22.6	

2004 ATHENS OLYMPIC RESULT

2004.08.15(일)	1Q	2Q	3Q	4Q	T	FG	3P	FT	RB	AS
미국	20	7	21	25	73	26-76	3-24	18-29	46	11
푸에르토리코	21	28	16	27	92	31-55	8-16	22-33	27	11

미국 최다 : A.아이버슨, T.던컨 15점 / T.던컨 16RB / T.던컨 4AS
푸에르토리코 최다 : C.아로요 24점 / J.오르티스 6RB / C.아로요 7AS

2004.08.17(화)	1Q	2Q	3Q	4Q	T	FG	3P	FT	RB	AS
그리스	17	14	22	18	71	27-61	8-19	9-15	28	15
미국	18	19	20	20	77	27-67	4-21	19-32	42	14

그리스 최다 : A.포시스 22점 / L.파파도풀로스 7RB / T.파팔루카스 6AS
미국 최다 : A.아이버슨 17점 / T.던컨 9RB / S.마버리 6AS

2004.08.19(목)	1Q	2Q	3Q	4Q	T	FG	3P	FT	RB	AS
호주	31	20	16	12	79	30-60	12-26	7-13	28	15
미국	21	26	18	24	89	39-68	3-17	8-15	34	23

호주 최다 : S.힐 17점 / D.앤더슨, A.보거트 8RB / S.힐 7AS
미국 최다 : T.던컨 18점 / T.던컨 11RB / L.제임스, S.마버리 5AS

2004.08.21(토)	1Q	2Q	3Q	4Q	T	FG	3P	FT	RB	AS
미국	26	23	20	21	90	30-67	8-21	22-33	31	11
리투아니아	23	21	23	27	94	28-54	13-27	25-31	32	7

미국 최다 : R.제퍼슨 20점 / T.던컨 12RB / S.마버리 3AS
리투아니아 최다 : S.야시케비시우스 28점 / S.스톰베르가스 10RB / S.야시케비시우스 4AS

2004.08.23(월)	1Q	2Q	3Q	4Q	T	FG	3P	FT	RB	AS
앙골라	14	12	13	14	53	19-61	6-25	9-18	17	7
미국	23	23	29	14	89	33-60	3-6	20-26	52	16

앙골라 최다 : V.몬테이루 20점 / J.고메스 6RB / A.무사, V.몬테이루 2AS
미국 최다 : T.던컨 15점 / C.부저 9RB / L.제임스 5AS

2004.08.26(목)	1Q	2Q	3Q	4Q	T	FG	3P	FT	RB	AS
미국	25	19	30	28	102	36-71	12-22	18-25	30	16
스페인	25	18	24	27	94	37-70	7-23	19-23	36	3

미국 최다 : S.마버리 31점 / S.매리언, L.오돔 6RB / A.아이버슨, S.마버리 4AS
스페인 최다 : P.가솔 29점 / J.칼데론 7RB / C.히메네스 1AS

2004.08.27(금)	1Q	2Q	3Q	4Q	T	FG	3P	FT	RB	AS
아르헨티나	24	19	27	19	89	32-59	11-22	14-21	32	18
미국	20	18	19	24	81	32-77	3-11	14-20	37	11

아르헨티나 최다 : M.지노빌리 29점 / F.오베르토 6RB / P.산체스 7AS
미국 최다 : S.마버리 18점 / C.부저 9RB / A.아이버슨, L.오돔 3AS

2004.08.28(토)	1Q	2Q	3Q	4Q	T	FG	3P	FT	RB	AS
리투아니아	24	20	27	25	96	32-63	21-37	11-17	25	13
미국	24	25	25	30	104	36-79	8-18	24-34	40	19

리투아니아 최다 : A.마차우스카스 24점 / R.야브토카스 6RB / S.야시케비시우스 4AS
미국 최다 : S.매리언 22점 / T.던컨, C.부저 8RB / D.웨이드 6AS

PLAYER STATS PER GAME

PLAYERS	G-GS	MP	FG	FGA	FG%	3P	3PA	3P%	2P	2PA	2P%	FT	FTA	FT%	ORB	DRB	TRB	AST	STL	BLK	TOV	PF	PTS
Allen Iverson	8-8	27.1	4.3	11.3	0.378	1.9	5.1	0.366	2.4	6.1	0.388	3.4	4.8	0.711	0.8	1.0	1.8	2.5	1.4	0.1	1.5	1.3	13.8
Tim Duncan	8-8	25.9	4.8	8.4	0.567	0.0	0.3	0.000	4.8	8.1	0.585	3.4	4.5	0.750	4.5	4.6	9.1	1.6	0.8	1.4	2.1	3.8	12.9
Stephon Marbury	8-8	26.4	3.8	8.9	0.423	1.3	3.9	0.323	2.5	5.0	0.500	1.8	2.4	0.737	0.1	1.1	1.3	3.4	0.9	0.1	1.3	2.5	10.5
Shawn Marion	8-0	19.5	4.3	8.0	0.531	0.5	1.3	0.400	3.8	6.8	0.556	0.9	1.1	0.778	2.3	3.6	5.9	0.8	1.1	0.5	0.5	1.8	9.9
Lamar Odom	8-8	22.0	3.6	6.4	0.569	0.5	1.0	0.500	3.1	5.4	0.581	1.5	2.9	0.522	2.5	3.3	5.8	1.4	2.0	0.6	1.3	3.4	9.3
Carlos Boozer	8-0	17.0	2.5	4.1	0.606	0.0	0.0	—	2.5	4.1	0.606	2.6	4.0	0.656	2.4	3.8	6.1	0.4	0.9	0.1	1.0	2.1	7.6
Dwyane Wade	8-0	17.6	2.6	6.9	0.382	0.0	0.4	0.000	2.6	6.5	0.404	2.0	2.9	0.696	0.5	1.4	1.9	2.4	2.1	0.4	2.5	2.5	7.3
Richard Jefferson	8-8	18.5	2.3	7.0	0.321	0.8	2.9	0.261	1.5	4.1	0.364	1.5	2.8	0.545	1.0	1.8	2.8	1.0	0.3	0.4	1.4	2.1	6.8
LeBron James	8-0	11.5	2.4	4.0	0.594	0.4	1.3	0.300	2.0	2.8	0.727	0.3	0.3	1.000	0.1	0.9	0.9	0.8	0.6	0.1	1.1	0.9	5.4
Amare Stoudemire	8-0	6.8	1.1	2.0	0.563	0.0	0.1	0.000	1.1	1.9	0.600	0.5	1.0	0.500	0.4	1.1	1.8	0.5	0.5	0.5	0.5	1.1	2.8
Carmelo Anthony	7-0	6.7	1.0	4.0	0.250	0.3	1.6	0.182	0.7	2.4	0.294	0.7	0.9	0.500	0.1	0.4	0.6	0.3	0.0	0.0	0.9	1.4	2.4
Emeka Okafor	2-0	7.0	0.0	1.0	0.000	0.0	0.0	—	0.0	1.0	0.000	0.0	0.0	—	0.0	1.5	1.5	0.0	0.5	0.5	0.5	0.5	0.0

TEAM USA 2008 BEIJING

REDEEM TEAM 1

코비-르브론 완벽 호흡, '농구 종가' 명예회복

2004년 올림픽 실패의 후유증은 정말 컸다. 그 후유증은 그 이듬해에 해에 열린 FIBA 아메리카컵까지 이어진다. 순위는 10개 팀 중 4위였고, 전적은 4승 6패 승률 40%였다. 앞이 캄캄했다. 아예 판을 갈아엎지 않으면 미국 농구의 미래는 없어 보였다.

미국 농구협회는 명장 마이크 슈셉스키 듀크대 감독을 새 사령탑으로 임명했다. 선수 선발, 전술, 기타 대표팀 운용에 관한 모든 권한을 100% 그에게 일임했다.

그는 2003 드래프트로 본격적으로 NBA 스타덤에 오른 르브론 제임스, 카멜로 앤소니, 드웨인 웨이드를 주축으로 세대교체를 단행했다. 이른바 '리딤팀'의 출범이었다. 세 선수는 막 리그에 데뷔한 시점에 올림픽 대표팀에 합류했다가 충격적인 탈락을 경험했기에 더욱 의욕이 불타올랐다.

슈셉스키의 대표팀은 욕심부리지 않고 단계를 밟았다. 2006년 FIBA 월드컵과 2007년 FIBA 아메리카컵에 젊은 선수들을 대거 선발해 출전했다. 2006 FIBA 월드컵 때는 8강전까지 전승을 달렸다. 그러나 준결승에서 '그리스의 샤킬 오닐'이라는 쇼르차니티스에게 골밑을 내주며 패했다. 3,4위전에서는 아테네 올림픽 때 본인들을 이겼던 아르헨티나를

다시 만나 설욕전을 펼치고 3위를 차지했다.

'리딤팀'의 본격 출발은 2007 FIBA 아메리카컵이었다. 슈셉스키는 이 대회에 코비 브라이언트, 르브론 제임스, 제이슨 키드, 카멜로 앤소니, 데런 윌리엄스, 드와이트 하워드, 마이클 레드 등 당시 가장 잘 나가던 스타들을 모두 불러모았다. 원래 아메리카컵에는 '2진급' 들이 출전하는 게 관례였으나, 슈셉스키는 총력전을 펼쳤다. 미국은 10전 전승에 평균 골득실차 +39.5점의 압도적인 모습을 보였다. 당시 우승 멤버들은 이듬해 베이징 올림픽에도 출전해 주축 선수로 활약하게 된다.

"드림팀의 명성을 되찾겠다"라는 구호 아래 NBA 슈퍼스타들을 합

숙까지 시켜가면서 조직력을 갖춰서 바짝 준비한 미국. 결국, 이전 3개 대회 부진을 씻어내고 기어이 금메달을 따냈다.

대회를 앞두고 펼친 5번의 평가전에서 리투아니아, 호주 등을 상대로 평균 118득점, 득실 마진 +31점로 5연승을 거뒀다.

베이징 올림픽을 앞두고 미국의 약점으로 꼽힌 건 빈약한 센터진이었다. 팀 내 정통 센터가 드와이트 하워드뿐이었던 데다, 그의 약점은 언제나 파울 트러블이었다. 하지만 마이크 슈셉스키는 미국의 풍부한 가드-포워드진을 최대한 활용한 전방 압박을 해법으로 제시했다. 상대를 백코트부터 털어버리는 역발상 전술로 약점을 강점으로 바꿔버린 것. 이 대회 8전 전승을 거둔 원동력은 단연, 미국의 에너지 넘치는 가드-포워드 '물량 전술'이었다.

미국은 가뿐히 B조 1위로 8강 토너먼트에 진출했다. 8강전에선 호주를 116-85, 31점차로 대파했고, 준결승에선 아르헨티나를 101-81, 20점차로 완파하면서 결승에 진출했다. 1996년 애틀랜타 올림픽 이후 가장 압도적인 성과였다.

결승 상대로 다시 만난 스페인은 파우 가솔을 필두로 한 센터진과 루디 페르난데스, 후안 카를로스 나바로 등 재기 넘치는 스윙맨들을 앞세워 미국을 끝까지 밀어붙였다. 특히 호세 칼데론의 부상으로 대신 선발 출장한 17세 초신성 리키 루비오는 키드, 윌리엄스, 폴을 상대로 번뜩이는 재능을 보였다.

실제 4쿼터 한때는 미국의 리드가 2점 차까지 줄어드는 등 위기를 맞았지만, 이후 웨이드의 활약으로 점수 차를 유지했고, 결정적인 순간마다 브라이언트가 해결사 역할을 해주며, 결국 118-107로 승리, 2000년 이후 8년 만에 올림픽 금메달을 탈환했다.

그로부터 14년 뒤인 2022년, 그 당시의 이야기를 다룬 '리딤팀-다시 드림팀으로'가 넷플릭스를 통해 공개되면서 다시 한번 그 당시를 떠올리게 했다.

TEAM 2008 SUMMARY

8전 전승 106.3득점 78.4실점 +27.9 엔트리 12명 평균 26.0세 199cm / 로테이션 9명 평균 25.6세 198cm / 베스트 5 평균 26.6세 201cm

TEAM POTENTIAL

94점

2위

하프코트 세트오펜스 10점
트랜지션 오펜스 10점
하프코트 세트디펜스 10점
트랜지션 디펜스 9점
리바운드 8점

선수층 10점
선수 경험치 9점
감독 리더십 10점
인기, 스타성 9점
글로벌 영향 9점

*각 항목은 10점 만점, 평가는 올림픽에 참가한 1992~2024년 미국 대표 9개팀 사이의 상대평가

SQUAD & TACTICS

PF
카멜로 앤소니
크리스 보쉬

C
드와이트 하워드
카를로스 부저

SF
르브론 제임스
테이션 프린스

SG
코비 브라이언트
드웨인 웨이드
마이클 레드

PG
제이슨 키드
크리스 폴
데론 윌리엄스

Mike Krzyzewski
마이크 슈셉스키
생년월일 : 1947.02.13
출생지 : 미국 일리노이주 시카고
폴란드계 이민 2세라 그의 성(姓)을 발음하기 정말 어렵다. 그래서 그냥 애칭으로 '코치 K'로 불리기도 한다. 전 듀크 대학교와 미국 남자 대표팀에서 정말 많은 업적을 쌓았다. 듀크대를 이끌고 NCAA 통산 최다승, 5번의 NCAA 토너먼트 우승 기록을 가지고 있다. 아마추어 농구 최고의 명장이라고해도 과언이 아니다. 국제무대에서는 1984 LA, 1992 바르셀로나 올림픽에서는 코치로, 2010 터키, 2014 스페인 세계선수권 대회, 2008 베이징, 2012 런던, 2016 리우 올림픽에서 모두 우승했다. 지도자로 최고의 자리에서 박수를 받으며 떠났다.

Player's Functions

Ball Handlers
C.폴
D.윌리엄스
L.제임스

Pull-Ups
K.브라이언트
L.제임스
D.웨이드

Catch & Shoot
M.레드
D.웨이드

3 Pointers
T.프린스
L.제임스
D.웨이드

Slam Dunkers
K.브라이언트
D.웨이드
L.제임스

Free Throw
C.폴
C.보쉬
C.앤소니

Rebounders
D.하워드
C.보쉬
C.부저

1-1 Defenders
T.프린스
D.하워드
K.브라이언트

Ball Stealers
C.폴
L.제임스
D.웨이드

Key Passes
J.키드
C.폴
L.제임스

Hustle Players
L.제임스
D.하워드
D.웨이드

Rim Protectors
D.하워드
C.보쉬
L.제임스

30

TS	MS	3PS	FT	LU	DK	ID	OD	ST	BL	ORG	OR3	ORB	DRG	DR3	DRB	PS	BH	BQ	SP	PO	ED	HS	OG
터프샷 성공률	중거리 슛팅	3점 슛팅	자유투 성공률	레이업 플로터	슬램 덩크	안쪽 수비	외곽 수비	스틸	블락	가드 공격RB	SF 공격RB	빅맨 공격RB	가드 수비RB	SF 수비RB	빅맨 수비RB	패스	볼 핸들링	농구 IQ	스피드 민첩성	파워	지구력	허슬 플레이	종합 평가

Ⓕ 4 — Carlos BOOZER 카를로스 부저 — PF-C

1973.11.20 / 203cm / 2002 드래프트 2R-35

시즌 MVP 투표 14위 / 올-NBA 서드팀 / 올스타전 출전
리바운드 8위

2007-08 유타 81경기 평균 34.9분 항목	PTS	RB	AS	ST	BL
경기 평균	21.1	10.4	2.9	1.2	0.5
36분 기준	21.8	10.7	3.0	1.3	0.5

항목	TS	MS	3PS	FT	LU	DK	ID	OD	ST	BL
평점	A-	A-	D	C	C-	B	B-	D-	B-	D
항목	ORB	DRB	PS	BH	BQ	SP	PO	ED	HS	OG
평점	A-	A	D-	B	A	D	A	A	D	B+

Ⓖ 5 — Jason KIDD 제이슨 키드 — PG

1991-92 샌안토니오 68경기 평균 37.7분

올스타전 출전 / 어시스트 4위

2007-08 뉴저지+댈러스 80경기 평균 36.3분 항목	PTS	RB	AS	ST	BL
경기 평균	10.8	7.5	10.1	1.7	0.3
36분 기준	10.7	7.4	10.0	1.7	0.3

항목	TS	MS	3PS	FT	LU	DK	ID	OD	ST	BL
평점	B-	A	B	C+	B	D-	C-	B+	B+	D+
항목	ORG	DRG	PS	BH	BQ	SP	PO	ED	HS	OG
평점	C+	A	A	A	A	D	A-	A-	B-	

Ⓕ 6 — LeBron JAMES 르브론 제임스 — SF-PF

1984.12.30 / 203cm / 2003 드래프트 1R-1

시즌 MVP 투표 4위 / 올-NBA 퍼스트팀 / 올스타전 출전
기량 발전상 투표 18위 / 득점 1위 / 어시스트 8위 / 스틸 10위
효율성 1위 / 윈셰어 2위

2007-08 클리블랜드 75경기 평균 40.4분 항목	PTS	RB	AS	ST	BL
경기 평균	30.0	7.9	7.2	1.8	1.1
36분 기준	26.8	7.0	6.4	1.6	1.0

항목	TS	MS	3PS	FT	LU	DK	ID	OD	ST	BL
평점	A-	B	C+	A+	A	B	A	A	B-	
항목	OR3	DR3	PS	BH	BQ	SP	PO	ED	HS	OG
평점	C+	B	B+	B+	A	A	A-	A+	A	A+

Ⓖ 7 — Deron WILLIAMS 데론 윌리엄스 — PG

1984.06.26 / 191cm / 2005 드래프트 1R-3

시즌 MVP 투표 12위 / 올-NBA 세컨드팀 / 기량 발전상 투표 21위
어시스트 3위

2007-08 유타 82경기 평균 37.3분 항목	PTS	RB	AS	ST	BL
경기 평균	18.8	3.0	10.5	1.1	0.3
36분 기준	18.2	2.9	10.1	1.1	0.3

항목	TS	MS	3PS	FT	LU	DK	ID	OD	ST	BL
평점	A-	B	A	B	B	D-	D-	C	C	D
항목	ORG	DRG	PS	BH	BQ	SP	PO	ED	HS	OG
평점	D-	D-	A	A	B+	D+	A-	B-	B+	

Ⓖ 8 — Michael REDD 마이클 레드 — SG-SF

1979.08.24 / 198cm / 2000드래프트 2R-43

득점 8위

2007-08 밀워키 72경기 평균 37.5분 항목	PTS	RB	AS	ST	BL
경기 평균	22.7	4.3	3.4	0.9	0.2
36분 기준	21.7	4.1	3.3	0.9	0.2

항목	TS	MS	3PS	FT	LU	DK	ID	OD	ST	BL
평점	A	B	A+	B	C-	D-	C	D	B	D
항목	ORG	DRG	PS	BH	BQ	SP	PO	ED	HS	OG
평점	C+	D-	C	B-	B-	B-	D-	A	B	B+

Ⓖ 9 — Dwyane WADE 드웨인 웨이드 — SG-SF

1982.01.17 / 193cm / 2003 드래프트 1R-5

올스타전 출전

2007-08 마이애미 51경기 평균 38.3분 항목	PTS	RB	AS	ST	BL
경기 평균	24.6	4.2	6.9	1.7	0.7
36분 기준	23.1	3.9	6.5	1.6	0.7

항목	TS	MS	3PS	FT	LU	DK	ID	OD	ST	BL
평점	A	B+	C+	C+	A	A	D+	A	B+	D-
항목	ORG	DRG	PS	BH	BQ	SP	PO	ED	HS	OG
평점	D-	D-	A	B+	A-	A+	C+	A+	A+	A

Ⓖ 10 — Kobe BRYANT 코비 브라이언트 — SG-SF

1978.08.23 / 198cm / 1996 드래프트 1R-13

NBA 파이널 준우승 / 시즌 MVP / 올-NBA 퍼스트팀
올-디펜시브 퍼스트팀 / 올해의 수비선수상 투표 5위
올스타전 출전 / 득점 2위 / 스틸 9위 / 효율성 8위 / 윈셰어 4위

2007-08 LA 레이커스 82경기 평균 38.9분 항목	PTS	RB	AS	ST	BL
경기 평균	28.3	6.3	5.4	1.8	0.5
36분 기준	26.2	5.8	5.0	1.7	0.5

항목	TS	MS	3PS	FT	LU	DK	ID	OD	ST	BL
평점	A	A+	B	B	A+	A	D	A+	B+	D-
항목	ORG	DRG	PS	BH	BQ	SP	PO	ED	HS	OG
평점	C+	B+	A	B+	A+	A-	C-	A+	B	A

Ⓒ 11 — Dwight HOWARD 드와이트 하워드 — C

1985.12.08 / 208cm / 2004 드래프트 1R-1

시즌 MVP 투표 5위 / 올-NBA 퍼스트팀 / 올-디펜시브 세컨드팀
올해의 수비선수상 투표 7위 / 기량 발전상 투표 23위
올스타전 출전 / 리바운드 1위 / 블락 5위 / 윈셰어 6위

2007-08 올랜도 82경기 평균 37.7분 항목	PTS	RB	AS	ST	BL
경기 평균	20.7	14.2	1.3	0.9	2.1
36분 기준	19.8	13.5	1.3	0.9	2.1

항목	TS	MS	3PS	FT	LU	DK	ID	OD	ST	BL
평점	A	D-	D+	C	A+	A+	D+	D+	A-	
항목	ORB	DRB	PS	BH	BQ	SP	PO	ED	HS	OG
평점	A+	D-	D-	A-	B+	A+	A	A	A	

Ⓒ 12 — Chris BOSH 크리스 보쉬 — PF-C

1984.03.24 / 211cm / 2003 드래프트 1R-4

올스타전 출전 / 득점 10위 / 효율성 9위

2007-08 토론토 67경기 평균 36.2분 항목	PTS	RB	AS	ST	BL
경기 평균	22.3	8.7	2.6	0.9	1.0
36분 기준	22.2	8.7	2.5	0.9	1.0

항목	TS	MS	3PS	FT	LU	DK	ID	OD	ST	BL
평점	A	A-	C	B	C+	B-	B+	C+	D+	C-
항목	ORB	DRB	PS	BH	BQ	SP	PO	ED	HS	OG
평점	A-	A	D-	B+	C-	B	A	A	B+	

Ⓖ 13 — Chris PAUL 크리스 폴 — PG

1985.05.06 / 183cm / 2005 드래프트 1R-4

시즌 MVP 투표 2위 / 올-NBA 퍼스트팀 / 올-디펜시브 세컨드팀
올해의 수비선수상 투표 7위 / 기량 발전상 투표 8위 / 올스타전
어시스트 1위 / 스틸 1위 / 효율성 2위 / 윈셰어 1위

2007-08 뉴올리언스 80경기 평균 37.6분 항목	PTS	RB	AS	ST	BL
경기 평균	21.1	4.0	11.6	2.7	0.1
36분 기준	20.2	3.8	11.1	2.6	0.1

항목	TS	MS	3PS	FT	LU	DK	ID	OD	ST	BL
평점	A+	A	B-	B	A+	D-	D+	A	A	D-
항목	ORG	DRG	PS	BH	BQ	SP	PO	ED	HS	OG
평점	D-	D-	A	A	A+	A	D	A+	B	A

Ⓕ 14 — Tayshaun PRINCE 테이션 프린스 — SF

1980.02.28 / 206cm / 2002 드래프트 1R-23

올-디펜시브 세컨드팀 / 올해의 수비선수상 투표 10위

2007-08 디트로이트 82경기 평균 32.9분 항목	PTS	RB	AS	ST	BL
경기 평균	13.2	4.9	3.3	0.5	0.4
36분 기준	14.4	5.3	3.6	0.6	0.4

항목	TS	MS	3PS	FT	LU	DK	ID	OD	ST	BL
평점	B-	C+	C-	B	B+	B	C	A-	B	B
항목	OR3	DR3	PS	BH	BQ	SP	PO	ED	HS	OG
평점	C	B	B-	B+	C	C-	A-	B+	B+	

Ⓕ 15 — Carmelo ANTHONY 카멜로 앤소니 — SF-PF

1984.05.29 / 201cm / 2003 드래프트 1R-3

시즌 MVP 투표 13위 / 올스타전 출전 / 득점 4위

2007-08 덴버 77경기 평균 36.4분 항목	PTS	RB	AS	ST	BL
경기 평균	25.7	7.4	3.4	1.3	0.5
36분 기준	25.4	7.3	3.3	1.3	0.5

항목	TS	MS	3PS	FT	LU	DK	ID	OD	ST	BL
평점	B+	A	B+	C	B	B+	C+	C+	B	B
항목	OR3	DR3	PS	BH	BQ	SP	PO	ED	HS	OG
평점	A-	D	B	A	A-	B	A+	A+	A	

MATCH SUMMARY NBA 최고 스타들 총출동, 완벽한 명예회복의 장

미국은 2008 베이징 올림픽을 '명예 회복의 장'으로 삼기 위해 대학농구 최고 명장 마이크 슈셉스키 감독에게 지휘봉을 맡기고, 당시 NBA에서 가장 잘 나가던 스타들을 총동원했다.

첫 경기 상대는 홈팀 중국이었다. 중국은 1쿼터 한때 '꿈틀'했다. 하지만 거기서 끝. 2쿼터부터 점수 차는 벌어졌고, 결국 미국이 101-70으로 완승했다. 미국은 드웨인 웨이드(19점)와 크리스 보쉬(8리바운드)가 승리의 주역이었다.

예선 2차전 앙골라전은 97-76으로 이겼다. 미국은 야투 68개 중 38개를 성공시키는 등 확률 높은 공격을 시도했다. 앙골라는 3점슛 29개 중 9개를 성공시켰고, 리바운드에서는 38-34로 미국을 앞섰다. 전반을 잘 버텨냈지만 3쿼터에 크게 밀리며 힘을 쓰지 못했다.

세 번째 상대는 그리스였다. 1쿼터부터 4쿼터까지 꾸준히 조금씩 점수 차를 벌려 92-69로 승리했다. 미국은 그리스보다 야투가 잘 들어갔고(67회 시도-36회 성공), 어시스트 23-10으로 압도적인 우세를 보였다. 팀플레이가 잘 됐다는 뜻이다. 코비 브라이언트와 보쉬가 18점씩 넣었고, 제임스는 6어시스트를 기록하며 포인트가드 역할을 했다.

미국-스페인전은 조별 리그 최고의 빅카드였다. 미국이 1쿼터부터 앞서 나갔고, 경기 끝날 때까지 꾸준히 리드를 지켰다. 미국은 야투와 3점슛 성공률, 팀플레이(어시스트)에서 스페인을 압도했다. 스페인은 리바운드에서 39-36으로 앞섰지만, 역부족이었다. 제임스가 18점 8어시스트, 보쉬가 7리바운드를 따냈다.

예선 최종 독일전에서 독일이 너무 힘을 쓰지 못했다. 미국이 106-57이라는, 이 대회 최다 점수 차로 압승했다. 미국에서는 드와이트 하워드가 22점 10리바운드로 분전했다. 독일에서는 '독일 병정' 더크 노비츠키가 14점 8리바운드로 분투했다.

준준결승전. 미국은 2쿼터에 승기를 잡고 끝까지 리드를 지켰다. 116-85. 이 경기의 승패는 리바운드에서 갈렸다. 미국이 57-28로 백보드를 완전히 장악했다. 미국에서는 브라이언트가 25점, 제임스가 9리바운드 3어시스트를 기록해 절묘한 호흡을 보여주었다.

미국 선수들은 아르헨티나와 준결승을 앞두고 결의를 다졌다. 4년 전 그들에 의해 금메달 꿈이 좌절됐기 때문이다. 미국은 1쿼터에 30-11을 만들었으나 2쿼터에 추격을 허용해 전반을 49-40으로 끝냈다. 후반에는 경기를 안정적으로 관리하면서 결국 101-81, 20점 차로 승리했다. 미국은 자유투 시도 횟수 36-16, 리바운드 43-32로 앞서 이길 수 있었다.

스페인과는 결승전에서 리턴 매치를 치렀다. 4쿼터 내내 관리를 잘해 리드를 거의 뺏기지 않고 118-107로 이겼다. 예선 때보다 점수 차는 줄었다. 미국은 이날 3점슛(13-28)에서 스페인(8-17)보다 앞섰고, 자유투 시도 횟수도 37-28로 더 많았다. 웨이드가 27점, 보쉬가 7리바운드, 브라이언트가 6어시스트를 기록하면서 대미를 장식했다. 미국은 4년 전의 참패를 딛고 화려하게 부활했다. 농구 종주국이자 세계 최강팀으로서 명예를 되찾으면서 말이다.

2008 OLYMPIC PERFORMANCE

USA NATIONAL TEAM vs. OPPONENTS PER GAME STATS

미국 vs 상대국

	득실점		F↑ 필드골성공		FG% 필드골		3↑ 3점슛성공		3P% 3점슛		⊖ 자유투성공		FT% 자유투		OR 공격리바운드		RB 리바운드		A↑ 어시스트		스틸		블락		턴오버		파울

106.3	78.4	39.0 **F↑** 27.8	55.0% **FG%** 40.3%	9.6 **3↑** 7.5	37.7% **3P%** 29.9%	18.6 **⊖** 15.4	68.0% **FT%** 78.8%
11.9 **OR** 12.8	41.5 **RB** 35.9	18.8 **A↑** 10.6	12.5 🎭 5.5	3.9 🏀 2.4	13.8 ↩ 19.4	21.9 🪧 22.9	

2008 BEIJING OLYMPIC RESULT

2008.08.10(일)	1Q	2Q	3Q	4Q	T	FG	3P	FT	RB	AS
중국	16	21	11	22	70	23-68	10-27	14-15	37	12
미국	20	29	25	27	101	38-70	4-17	18-25	40	17

중국 최다: 야오밍 13점 / 야오밍 10RB / 주팡위, 천장화, 류웨이, 순유에 2AS
미국 최다: D.웨이드 19점 / C.보쉬 8RB / C.폴 6AS

2008.08.12(화)	1Q	2Q	3Q	4Q	T	FG	3P	FT	RB	AS
미국	29	26	26	16	97	38-68	5-21	16-25	34	18
앙골라	18	19	16	23	76	25-64	9-29	17-21	38	8

미국 최다: D.웨이드 19점 / C.앤소니 6RB / L.제임스 5AS
앙골라 최다: C.모라이스 24점 / J.고메스 8RB / A.코스타, F.암브로시우 2AS

2008.08.14(목)	1Q	2Q	3Q	4Q	T	FG	3P	FT	RB	AS
그리스	16	16	22	15	69	26-63	4-18	13-18	38	10
미국	20	31	23	18	92	36-67	7-20	13-23	38	23

그리스 최다: T.파팔루카스 15점 / T.파팔루카스, A.포시스 8RB / D.디아만티디스 3AS
미국 최다: K.브라이언트, C.보쉬 18점 / C.앤소니, D.하워드, L.제임스 6RB / L.제임스 6AS

2008.08.16(토)	1Q	2Q	3Q	4Q	T	FG	3P	FT	RB	AS
미국	31	30	25	33	119	44-76	12-25	19-24	36	24
스페인	22	23	18	19	82	28-71	6-28	20-24	39	12

미국 최다: L.제임스 18점 / C.보쉬 7RB / L.제임스, C.폴 8AS
스페인 최다: F.레예스 19점 / F.레예스 8RB / R.페르난데스, R.루비오 3AS

2008.08.18(월)	1Q	2Q	3Q	4Q	T	FG	3P	FT	RB	AS
독일	12	17	17	11	57	22-73	7-30	6-9	38	9
미국	31	22	30	23	106	42-77	11-26	11-18	53	20

독일 최다: D.노비츠키 14점 / D.노비츠키 8RB / J.야글라, S.하만 2AS
미국 최다: D.하워드 22점 / D.하워드 10RB / D.윌리엄스 5AS

2008.08.20(수)	1Q	2Q	3Q	4Q	T	FG	3P	FT	RB	AS
호주	24	19	18	24	85	30-70	10-27	15-25	28	11
미국	25	30	34	27	116	43-76	12-29	18-31	57	16

호주 최다: 패티 밀스 20점 / M.워싱턴 6RB / B.눌리 3AS
미국 최다: K.브라이언트 25점 / L.제임스 9RB / D.윌리엄스, L.제임스, C.폴, D.웨이드 3AS

2008.08.22(금)	1Q	2Q	3Q	4Q	T	FG	3P	FT	RB	AS
미국	30	19	29	23	101	32-68	10-31	27-36	43	15
아르헨티나	11	29	24	17	81	30-68	6-23	15-16	32	7

미국 최다: C.앤소니 21점 / C.보쉬 10RB / J.키드 7AS
아르헨티나 최다: L.스콜라 28점 / L.스콜라 11RB / P.프리조니 3AS

2008.08.24(일)	1Q	2Q	3Q	4Q	T	FG	3P	FT	RB	AS
스페인	31	30	21	25	107	38-74	8-17	23-28	37	16
미국	38	31	22	27	118	39-65	13-28	27-37	31	17

스페인 최다: R.페르난데스 22점 / F.레예스 7RB / J.C.나바로 4AS
미국 최다: D.웨이드 27점 / C.보쉬 7RB / K.브라이언트 6AS

PLAYER STATS PER GAME

PLAYERS	G-GS	MP	FG	FGA	FG%	3P	3PA	3P%	2P	2PA	2P%	FT	FTA	FT%	ORB	DRB	TRB	AST	STL	BLK	TOV	PF	PTS
Dwyane Wade	8-0	18.8	5.9	8.8	0.671	1.0	2.1	0.471	4.9	6.6	0.736	3.3	5.1	0.634	1.8	2.3	4.0	1.9	2.3	0.1	1.6	1.6	16.0
LeBron James	8-8	24.8	6.3	10.4	0.602	1.6	3.5	0.464	4.6	6.9	0.673	1.4	3.0	0.458	1.1	4.1	5.3	3.8	2.4	1.0	2.1	2.0	15.5
Kobe Bryant	8-8	23.5	6.0	13.0	0.462	2.1	6.6	0.321	3.9	6.4	0.608	0.9	1.5	0.583	1.1	1.6	2.8	2.1	1.1	0.5	1.9	2.4	15.0
Carmelo Anthony	8-8	19.1	3.4	8.0	0.422	1.8	4.6	0.378	1.6	3.4	0.481	3.0	3.6	0.828	0.6	3.6	4.3	0.4	1.0	0.3	0.8	2.9	11.5
Dwight Howard	8-8	16.3	4.4	5.9	0.745	0.0	0.0	—	4.4	5.9	0.745	2.1	4.6	0.459	1.9	3.9	5.8	0.6	0.9	1.1	2.9	10.9
Chris Bosh	8-0	17.3	3.0	3.9	0.774	0.0	0.0	—	3.0	3.9	0.774	3.1	3.6	0.862	1.8	4.4	6.1	0.6	0.8	0.5	1.9	9.1
Chris Paul	8-0	21.8	2.4	4.8	0.500	0.5	1.8	0.286	1.9	3.0	0.625	2.9	3.0	0.917	0.8	2.9	3.6	4.1	2.3	0.0	1.1	1.9	8.0
Deron Williams	8-0	19.1	2.9	6.5	0.442	1.1	3.0	0.375	1.9	3.5	0.500	1.1	1.3	0.900	0.4	1.9	2.3	2.8	0.6	0.0	1.5	2.6	8.0
Tayshaun Prince	8-0	10.9	1.6	2.8	0.591	0.8	1.4	0.545	0.9	1.4	0.636	0.3	0.5	0.500	0.3	1.1	1.9	0.6	0.1	0.3	0.9	1.3	4.3
Carlos Boozer	8-0	5.9	1.3	2.3	0.556	0.0	0.0	—	1.3	2.3	0.556	0.6	0.8	0.750	0.6	1.3	1.9	0.3	0.0	0.0	1.0	1.1	3.3
Michael Redd	8-0	9.0	1.3	3.9	0.323	0.6	2.3	0.278	0.6	1.6	0.385	0.0	0.1	0.000	0.1	0.8	1.1	0.8	0.4	0.1	0.4	0.1	3.1
Jason Kidd	8-8	13.5	0.8	1.3	0.857	0.1	0.3	0.500	0.6	1.0	1.000	—	0.8	1.3	0.1	1.5	1.6	2.5	1.3	0.1	1.5	1.6	1.0

REDEEM TEAM 2

"ONCE AGAIN" 미국 농구 최강 재입증

미국은 2008 베이징 올림픽에서 선수들의 화려한 개인기, 톱니바퀴처럼 돌아갔던 조직력, 명장의 훌륭한 전술이 '3위일체'를 이루며 완벽한 우승 레이스를 펼쳤다.

미국 농구협회는 명장 슈셉스키와 당연히 계약을 연장했다. 그는 우선 2010 FIBA 월드컵에

집중했다. 그런데 당시 스쿼드에는 2008 베이징 멤버는 단 1명도 포함되지 않았다. 그리고, 21세, 22세의 젊은 선수들을 6명이나 발탁했다. 감독의 의도는 아주 명확했다. 2008 리딤팀 멤버 중 다수가 2012 런던 올림픽에 다시 출전할 것을 가정하고, 그들을 뒷받침해줄 든든한 백업 요원을 찾기 위해 2010 FIBA 월드컵에 참가했다.

감독은 승패에 초연했으나, 선수들은 달랐다. 그들의 눈에선 불꽃이 튀었다. 결과는 9전 전승 우승, 득실 마진은 +24.6이었다. 슈셉스키로서는 '리딤팀 백업 멤버 찾기'와 '좋은 성적'이라는 두 마리 토끼를 다 잡은 셈이었다.

2012 런던 올림픽이 시작되었다. 당시 가장 큰 관심을 끈 두 스타는 남자 육상 단거리의 우사인 볼트와 미국 남자 농구 대표팀이었다. 볼트는 이미 2008 베이징 올림픽 때 3관왕을 달성했고, 이 대회에서도 역시 3개의 금메달을 가져갔다. 특히, 네스타 카터, 마이클 프레이터, 요한 블레이크 등 자메이카 육상 대표팀 동료들과 호흡을 맞춘 400m(4×100m) 계주에선 36초 85로 압도적인 세계 신기록을 세웠다. 이 기록은 12년이 지난 2024년 10월 1일 현재까지도 깨지지 않고 있다.

볼트는 개인 종목 선수라 그가 100m, 200m, 400m 계주를 하는 당일에만 시선을 끌었다면, 리딤팀은 대회 기간 내내 엄청난 화제를 몰고 다녔다. 그들은 팝스타나 헐리우드 영화배우처럼 인기를 끌었다. 마치 1992년 바르셀로나 올림픽에서 원조 드림팀이 그랬던 것처럼 말이다.

미국은 그 폭발적인 인기와 관심 속에 매 경기 화려한 '농구쇼'를 선보였고, 8전 전승으로 클리어하며 2회 연속 금메달을 획득했다. 평균 득점 115.5점에 득실 마진 +32.1이었다.

농구가 전 세계적으로 평준화되기 시작한 시점이기에 이 득실 마진은 매우 큰 것이었다고 볼 수 있다. 자꾸 드림팀의 +43.8과 비교하는 사람들이 있는데 이는 아예 비교 대상이 아니다. 1992년에는 미국과 다른 국가의 차이가 너무 컸고, 2010년대 이후는 많이 평준화된 상태였기 때문이다.

리딤팀은 프랑스, 튀니지, 나이지리아, 아르헨티나(2번 대결함), 호주 등을 큰 점수 차이로 압도했다. 단지, 예선 2차전에선 리투아니아에 99-94로 신승했다.

결승전에선 스페인을 만나 107-100으로 승리했다. 결승전은 꽤 접전이었다. 당시 스페인도 파우 가솔, 마크 가솔, 서지 이바카 등 당시 현역 NBA 선수 5명이 포진되어 있었다. 미국이 스페인과 비교해 대부분의 포지션에서 우위를 점했지만, 센터진이 밀리는 바람에 고전했다. 스페인은 한때 미국에 2점을 앞서기도 했다. 하지만 미국이 마무리를 잘 했다.

최고 명장의 지도 아래 리딤팀은 2대회 연속 금메달을 차지했다. 또한, 2012년의 르브론 제임스는 1992년 마이클 조던 이후 20년 만에 단일 연도에 NBA 파이널 우승 + 정규시즌 MVP +파이널 MVP + 올림픽 농구 금메달을 수상한 역대 두 번째 선수가 되었다.

이 대회를 끝으로 리딤팀은 해체된다. 코비는 대표팀에서 은퇴했고, 르브론은 은퇴했다가 2024년에 복귀한다.

슈셉스키 감독은 최고 스타 2명의 대표팀 은퇴를 계기로 완전히 '새 판 짜기'에 들어간다. '스타 파워'가 아닌 그야말로 팀워크와 전술 조직력으로 승부를 보는 그런 판 말이다. 그가 전술의 대가이기에 가능한 시나리오였다. 그리고 4년 후 그의 구상은 정확히 맞아떨어진다.

TEAM 2012 SUMMARY

8전 전승 115.5득점 83.4실점 +32.1 엔트리 12명 평균 25.8세 200cm / 로테이션 9명 평균 26.8세 200cm / 베스트 5 평균 27.8세 202cm

TEAM POTENTIAL

93점

4위

하프코트 세트오펜스	10점
트랜지션 오펜스	9점
하프코트 세트디펜스	9점
트랜지션 디펜스	10점
리바운드	8점
선수층	9점
선수 경험치	10점
감독 리더십	10점
인기, 스타성	9점
글로벌 영향	9점

*각 항목은 10점 만점, 평가는 올림픽에 참가한 1992~2024년 미국 대표 9개팀 사이의 상대평가

SQUAD & TACTICS

PF
르브론 제임스
앤소니 데이비스

C
타이슨 챈들러
케빈 러브

SF
케빈 듀란트
카멜로 앤소니
앤드리 이궈달라

SG
코비 브라이언트
제임스 하든

PG
크리스 폴
데론 윌리엄스
러셀 웨스트브룩

Mike Krzyzewski
마이크 슈셉스키

생년월일 : 1947.02.13
출생지 : 미국 일리노이주 시카고
폴란드계 이민 2세라 그의 성(姓)을 발음하기 정말 어렵다. 그래서 그냥 애칭으로 '코치 K'로 불리기도 한다. 전 듀크 대학교와 미국 남자 대표팀에서 정말 많은 업적을 쌓았다. 듀크대를 이끌고 NCAA 통산 최다승, 5번의 NCAA 토너먼트 우승 기록을 가지고 있다. 아마추어 농구 최고의 명장이라고해도 과언이 아니다. 국제 무대에서는 1984 LA, 1992 바르셀로나 올림픽에서는 코치로, 2010 터키, 2014 스페인 세계선수권 대회, 2008 베이징, 2012 런던, 2016 리우 올림픽에서 모두 우승했다. 지도자로 최고의 자리에서 박수를 받으며 떠났다.

Player's Functions

Ball Handlers C.폴 D.윌리엄스 L.제임스	**Pull-Ups** K.브라이언트 L.제임스 K.듀란트	**Catch & Shoot** K.듀란트 D.윌리엄스 L.제임스
3 Pointers K.듀란트 C.앤소니 K.브라이언트	**Slam Dunkers** K.브라이언트 T.챈들러 L.제임스	**Free Throw** K.브라이언트 K.듀란트 D.윌리엄스
Rebounders T.챈들러 K.러브 A.데이비스	**1-1 Defenders** T.챈들러 L.제임스 K.브라이언트	**Ball Stealers** C.폴 L.제임스 R.웨스트브룩
Key Passes C.폴 D.윌리엄스 L.제임스	**Hustle Players** R.웨스트브룩 A.데이비스 L.제임스	**Rim Protectors** A.데이비스 T.챈들러

TS	MS	3PS	FT	LU	DK	ID	OD	ST	BL	ORG	OR3	ORB	DRG	DR3	DRB	PS	BH	BQ	SP	PO	ED	HS	OG
터프샷 성공률	중거리 슈팅	3점 슈팅	자유투 성공률	레이업 플로터	슬램 덩크	안쪽 수비	외곽 수비	스틸	블락	가드 공격RB	SF 공격RB	빅맨 공격RB	가드 수비RB	SF 수비RB	빅맨 수비RB	패스	볼 핸들링	농구 IQ	스피드 민첩성	파워	지구력	허슬 플레이	종합 평가

C-4 Tyson CHANDLER 타이슨 챈들러 — C-PF

1982.10.29 / 216cm / 2001 드래프트 1R-2

올-NBA 서드팀 / 올-디펜시브 세컨드팀 / 올해의 수비선수상
리바운드 9위 / 윈셰어 5위

2011-12 뉴욕 62경기 평균 33.2분

항목	PTS	RB	AS	ST	BL
경기 평균	11.3	9.9	0.9	0.9	1.4
36분 기준	12.2	10.7	1.0	1.0	1.6

TS	MS	3PS	FT	LU	DK	ID	OD	ST	BL
B-	D-	D-	D+	C	A	A+	D-	C-	B+

ORB	DRB	PS	BH	BQ	SP	PO	ED	HS	OG
B+	A	D	–	B	D	B-	B+	C	B

F-5 Kevin DURANT 케빈 듀란트 — SF-PF

1988.09.23 / 208cm / 2007 드래프트 1R-2

NBA 파이널 준우승 / 시즌 MVP 투표 2위 / 올-NBA 퍼스트팀
올스타전 출전 / 득점 1위 / 효율성 4위 / 윈셰어 3위

2011-12 오클라호마 시티 66경기 평균 38.6분

항목	PTS	RB	AS	ST	BL
경기 평균	28.0	8.0	3.5	1.3	1.2
36분 기준	26.2	7.5	3.3	1.2	1.1

TS	MS	3PS	FT	LU	DK	ID	OD	ST	BL
A	A+	B+	B	A	B+	D+	C-	C+	A

OR3	DR3	PS	BH	BQ	SP	PO	ED	HS	OG
D-	A	B-	A-	B	B+	D+	A+	C	A

F-6 LeBron JAMES 르브론 제임스 — SF-PG

1984.12.30 / 206cm / 2003 드래프트 1R-1

NBA 파이널 우승 / 시즌 MVP / NBA 파이널 MVP
올-NBA 퍼스트팀 / 올-디펜시브 퍼스트팀 / 올해의 수비선수상 4위
올스타전 출전 / 득점 3위 / 스틸 3위 / 효율성 1위 / 윈셰어 1위

2011-12 마이애미 62경기 평균 37.5분

항목	PTS	RB	AS	ST	BL
경기 평균	27.1	7.9	6.2	1.9	0.8
36분 기준	26	7.6	6.0	1.8	0.8

TS	MS	3PS	FT	LU	DK	ID	OD	ST	BL
A-	A-	B+	C+	A+	A	A-	B-	A	A+

OR3	DR3	PS	BH	BQ	SP	PO	ED	HS	OG
C+	A	B+	B+	A+	A-	B+	A-	C+	A+

G-7 Russell WESTBROOK 러셀 웨스트브룩 — PG

1988.11.12 / 193cm / 2008 드래프트 1R-4

NBA 파이널 준우승 / 시즌 MVP 투표 12위 / 올-NBA 세컨드팀
올해의 수비선수상 투표 18위 / 올스타전 출전 / 득점 5위
스틸 8위 / 효율성 9위

2011-12 오클라호마 시티 66경기 평균 35.3분

항목	PTS	RB	AS	ST	BL
경기 평균	23.6	4.6	5.5	1.7	0.3
36분 기준	24.1	4.6	5.6	1.7	0.3

TS	MS	3PS	FT	LU	DK	ID	OD	ST	BL
B+	C-	B-	A-	B-	A	D-	C+	A+	D

ORG	DRG	PS	BH	BQ	SP	PO	ED	HS	OG
B	D-	B	B	B-	A+	C	A	A+	B+

G-8 Deron WILLIAMS 데론 윌리엄스 — PG

1984.06.26 / 191cm / 2005 드래프트 1R-3

올스타전 출전 / 득점 9위 / 어시스트 5위

2011-12 뉴저지 55경기 평균 36.3분

항목	PTS	RB	AS	ST	BL
경기 평균	21.0	3.3	8.7	1.2	0.4
36분 기준	20.8	3.3	8.7	1.2	0.4

TS	MS	3PS	FT	LU	DK	ID	OD	ST	BL
A-	A-	B+	A-	C+	B	B-	D-	C+	C+

ORG	DRG	PS	BH	BQ	SP	PO	ED	HS	OG
D-	D-	A	A	A-	B+	D+	A-	B	B+

F-9 Andre IGUODALA 앤드리 이궈달라 — SF-PF

1984.01.28 / 198cm / 2004 드래프트 1R-9

올해의 수비선수상 투표 7위 / 올스타전 출전 / 스틸 6위

2011-12 필라델피아 62경기 평균 35.6분

항목	PTS	RB	AS	ST	BL
경기 평균	12.4	6.1	5.5	1.7	0.5
36분 기준	12.6	6.2	5.5	1.7	0.5

TS	MS	3PS	FT	LU	DK	ID	OD	ST	BL
B-	C+	C+	C-	A	B	A	B-	B+	C

OR3	DR3	PS	BH	BQ	SP	PO	ED	HS	OG
D-	B	C+	B+	A	B+	D	A	B	B+

G-10 KOBE BRYANT 코비 브라이언트 — SG-SF

1978.08.23 / 198cm / 1996 드래프트 1R-13

시즌 MVP 투표 4위 / 올-NBA 퍼스트팀 / 올-디펜시브 세컨드팀
올스타전 출전 / 득점 2위

2011-12 LA 레이커스 58경기 평균 38.5분

항목	PTS	RB	AS	ST	BL
경기 평균	27.9	5.4	4.6	1.2	0.3
36분 기준	26.1	5.0	4.3	1.1	0.3

TS	MS	3PS	FT	LU	DK	ID	OD	ST	BL
A-	A	C+	B	A+	B+	D+	A-	C	C-

ORG	DRG	PS	BH	BQ	SP	PO	ED	HS	OG
C+	C	B	B+	A	B+	C-	A+	B	A

F-11 Kevin LOVE 케빈 러브 — PF-C

1988.09.07 / 203cm / 2008 드래프트 1R-5

시즌 MVP 투표 6위 / 올-NBA 세컨드팀 / 기량 발전상 투표 16위
올스타전 출전 / 득점 4위 / 리바운드 2위 / 효율성 5위 / 윈셰어 4위

2011-12 미네소타 55경기 평균 39.0분

항목	PTS	RB	AS	ST	BL
경기 평균	26.0	13.3	2.0	0.9	0.5
36분 기준	24.0	12.3	1.9	0.8	0.5

TS	MS	3PS	FT	LU	DK	ID	OD	ST	BL
B-	B	B	B-	C	C	C-	C+	D	D-

ORB	DRB	PS	BH	BQ	SP	PO	ED	HS	OG
B+	A	D	C+	D+	B+	A-	A	B	

G-12 James HARDEN 제임스 하든 — SG

1989.08.26 / 196cm / 2009 드래프트 1R-3

NBA 파이널 준우승 / 올해의 식스맨상 / 기량 발전상 투표 17위
윈셰어 6위

2011-12 오클라호마 시티 62경기 평균 31.4분

항목	PTS	RB	AS	ST	BL
경기 평균	16.8	4.1	3.7	1.0	0.2
36분 기준	19.3	4.7	4.2	1.1	0.3

TS	MS	3PS	FT	LU	DK	ID	OD	ST	BL
C	B	B+	A	B	A	B	D+	D+	C

ORG	DRG	PS	BH	BQ	SP	PO	ED	HS	OG
D-	C+	C	A-	B+	C	A-	A	B+	

G-13 Chris PAUL 크리스 폴 — PG

1985.05.06 / 183cm / 2005 드래프트 1R-4

시즌 MVP 투표 3위, 올-NBA 퍼스트팀 / 올-디펜시브 퍼스트팀
올해의 수비선수상 투표 12위 / 올스타전 출전 / 어시스트 3위
스틸 1위 / 효율성 2위 / 윈셰어 2위

2011-12 LA 클리퍼스 60경기 평균 36.4분

항목	PTS	RB	AS	ST	BL
경기 평균	19.8	3.6	9.1	2.5	0.1
36분 기준	19.6	3.5	9.0	2.5	0.1

TS	MS	3PS	FT	LU	DK	ID	OD	ST	BL
A+	B+	B	B	A-		D-	D	A-	D

ORG	DRG	PS	BH	BQ	SP	PO	ED	HS	OG
D-	D-	A	A	A	C+	D-	A	B	

C-14 Anthony DAVIS 앤소니 데이비스 — PF-C

1993.03.11 / 208cm / 2012 드래프트 1R-1

켄터키대 출신 2012-13시즌 신인 / NCAA 올해의 선수상
NCAA 우승 / NCAA 파이널포 MVP / 올-아메리칸 퍼스트팀
SEC 올해의 선수상 / NCAA 블락 1위 / SEC 블락 1위

2011-12시즌 켄터키대 소속, NBA 기록 없음

항목	PTS	RB	AS	ST	BL
경기 평균	—	—	—	—	—
36분 기준	—	—	—	—	—

F-15 Carmelo ANTHONY 카멜로 앤소니 — SF-PF

1984.05.29 / 201cm / 2003 드래프트 1R-3

올-NBA 서드팀 / 올스타전 출전 / 득점 6위

2011-12 뉴욕 55경기 평균 34.1분

항목	PTS	RB	AS	ST	BL
경기 평균	22.6	6.3	3.6	1.1	0.4
36분 기준	23.9	6.6	3.8	1.2	0.5

TS	MS	3PS	FT	LU	DK	ID	OD	ST	BL
C-	B-	B-	B-	A	C	C+	D-		

OR3	DR3	PS	BH	BQ	SP	PO	ED	HS	OG
B-	C+	B	A	B	B-	A-	B-	A-	

MATCH SUMMARY 코비와 르브론이 함께 뛴 마지막 국제 대회

2012년 버전의 미국 올림픽 대표팀이 8전 전승을 기록하며 2회 연속 우승을 달성했다. 미국은 8경기를 치르며 평균 115.5득점, 83.4 실점으로 득실차 +32.1을 기록했다.

미국은 프랑스를 상대로 98-71로 승리하며 예선 일정을 시작했다. 1쿼터에는 22-21로 접전이었지만, 2쿼터에 점수를 벌리며 안정된 경기를 운영했다. 미국의 승리는 리바운드 56-40, 팀플레이(어시스트) 27-10으로 앞선 것에서 결정이 되었다. 케빈 듀란트가 22점 9리바운드로 팀 승리를 견인했고, 포인트가드 르브론 제임스는 8어시스트를 보탰다.

미국은 2차전에 튀니지, 3차전에 나이지리아 등 아프리카 2팀을 만났다. 이 2경기는 미국에게는 '쉬어가는 경기'였다. 예상대로 미국은 튀니지를 110-63, 나이지리아를 156-73으로 크게 이겼다. 슈셉스키 감독은 로테이션을 돌리며 선수들에게 고루 휴식을 주었다. 카멜로 앤소니는 튀니지전에서 16점, 나이지리아전에서 무려 37점을 맹폭하며 대승의 주역이 되었다.

4차전 상대 리투아니아. 미국은 전반을 55-51로 근소하게 앞섰고, 최종 결과도 99-94 박빙이었다. 미국은 4쿼터 4분을 남기고 80-82로 지고 있었다. 이때 제임스는 미국이 마지막 4분 동안 기록한 20점 중 혼자서 9점을 쏟아부었다. 제임스와 앤소니는 20점씩 넣었고, 케빈 러브는 리바운드 8개를 걷어냈다.

예선 최종전인 아르헨티나전. 미국은 1쿼터에 34-32, 하프타임에 60-59로 접전을 펼쳤다. 그러나 3쿼터에 미국이 듀란트의 3점슛 5

개를 포함해 42점을 폭발시키면서 주도권을 잡았다. 최종 결과는 126-97. 이날 듀란트는 28점을 넣으며 공격을 이끌었다.

미국은 8강전에서 호주를 만났다. 1쿼터에 28-21로 앞선 것을 시작으로 매 쿼터 점수에서 앞서며 안정적으로 경기를 운영했고 119-86으로 승리할 수 있었다. 제임스가 11점 14리바운드 12어시스트로 트리플더블을 기록했고, 코비 브라이언트는 20점으로 활약했다.

준결승에서는 아르헨티나와 리턴 매치를 치렀다. 전반을 47-40, 7점 차로 앞선 가운데 마쳤다. 3쿼터를 27-17로 리드하며 승기를 잡았고, 최종 결과 109-83 승리였다. 미국은 리바운드와 3점슛으로 승리할 수 있었다. 듀란트가 19점, 러브가 9리바운드로 승리 주역이 됐다.

결승전 상대는 4년 전과 마찬가지로 스페인이었다.

미국은 전반을 35-27로 앞서 쉽게 가는 듯했다. 그러나 스페인이 2쿼터에 대반격을 가해 전반을 59-58 1점차 리드로 끝냈다. 3쿼터는 24-24 동점이었기에 쿼터 종료 시점 스코어는 83-82였다. 승부는 듀란트의 활약 덕분에 4쿼터에 갈렸고 미국이 107-100으로 힘겹게 이겼다. 이 경기는 동점 6번, 리드 체인지 16번이 나온 그야말로 '혈투'였다. 듀란트는 30점 9리바운드로 승리의 주역이었고, 제임스는 19점 7리바운드로 승리를 뒷받침했다.

2004 아테네 올림픽 참패를 만회하고자 2008년과 2012년에 결성됐던 코비-르브론의 '리딤팀'은 이날 금메달을 따내면서 해체됐다. 미국은 4년 후 완전히 다른 멤버로 올림픽에 나선다.

2012 OLYMPIC PERFORMANCE

USA NATIONAL TEAM vs. OPPONENTS PER GAME STATS

미국 vs 상대국

미국	지표	상대국
115.5	득실점	83.4
41.1	F↑ 필드골성공	30.5
52.3%	FG% 필드골%	45.4%
16.1	3↑ 3점슛성공	7.6
44.0%	3P% 3점슛%	33.2%
17.1	⊖ 자유투성공	14.8
71.7%	FT% 자유투%	69.8%
13.0	OR 공격리바운드	8.1
40.9	RB 리바운드	31.0
25.0	A↑ 어시스트	17.8
10.4	스틸	3.1
2.4	블락	1.9
9.6	턴오버	16.8
21.4	파울	21.3

2012 LONDON OLYMPIC RESULT

2012.07.29(일)	1Q	2Q	3Q	4Q	T	FG	3P	FT	RB	AS
프랑스	21	15	15	20	71	25-66	2-22	17-27	40	10
미국	22	30	26	20	98	31-72	8-25	28-38	56	27

프랑스 최다 : A.트라오레 12점 / R.투리아프 9RB / N.드콜로 3AS
미국 최다 : K.듀란트 22점 / K.듀란트, T.챈들러, C.앤소니 9RB / L.제임스 8AS

2012.07.31(화)	1Q	2Q	3Q	4Q	T	FG	3P	FT	RB	AS
미국	21	25	39	25	110	43-70	10-25	14-18	44	28
튀니지	15	18	14	16	63	23-65	9-26	8-21	31	12

미국 최다 : C.앤소니, K.러브 16점 / K.듀란트 10RB / C.폴 7AS
튀니지 최다 : M.벤롬단 22점 / M.벤롬단 11RB / M.벤롬단 4AS

2012.08.02(목)	1Q	2Q	3Q	4Q	T	FG	3P	FT	RB	AS
나이지리아	25	20	17	11	73	28-68	6-27	11-14	32	15
미국	49	29	41	37	156	59-83	29-46	9-14	38	41

나이지리아 최다 : I.디오구 27점 / I.디오구 7RB / A.아미누 4AS
미국 최다 : C.앤소니 37점 / A.데이비스, K.러브 6RB / D.윌리엄스 11AS

2012.08.04(토)	1Q	2Q	3Q	4Q	T	FG	3P	FT	RB	AS
미국	33	22	23	21	99	35-79	10-33	19-31	35	13
리투아니아	25	26	21	22	94	38-65	7-16	11-15	42	21

미국 최다 : L.제임스, C.앤소니 20점 / K.러브 8RB / C.폴 6AS
리투아니아 최다 : L.클레이자 25점 / M.포시우스 7RB / S.야시케비시우스, M.포시우스 6AS

2012.08.06(월)	1Q	2Q	3Q	4Q	T	FG	3P	FT	RB	AS
미국	34	26	42	24	126	45-88	20-39	16-20	47	29
아르헨티나	32	27	17	21	97	33-65	10-26	21-28	33	22

미국 최다 : K.듀란트 28점 / A.이궈달라, K.러브 9RB / C.폴 7AS
아르헨티나 최다 : M.지노빌리 16점 / M.지노빌리 5RB / F.캄파소

2012.08.08(수)	1Q	2Q	3Q	4Q	T	FG	3P	FT	RB	AS
호주	21	21	28	16	86	32-71	9-22	13-21	42	19
미국	28	28	28	35	119	39-86	19-46	22-32	52	23

호주 최다 : P.밀스 26점 / J.잉글스 8RB / J.잉글스 6AS
미국 최다 : K.브라이언트 20점 / L.제임스 14RB / L.제임스 11AS

2012.08.10(금)	1Q	2Q	3Q	4Q	T	FG	3P	FT	RB	AS
아르헨티나	19	21	17	26	83	31-70	11-26	10-11	29	21
미국	24	23	27	35	109	43-81	18-42	5-7	46	25

아르헨티나 최다 : M.지노빌리 18점 / C.델피노 5RB / P.프리조니 6AS
미국 최다 : K.듀란트 19점 / K.러브 9RB / L.제임스, C.폴 7AS

2012.08.12(일)	1Q	2Q	3Q	4Q	T	FG	3P	FT	RB	AS
미국	35	24	24	24	107	34-70	15-37	24-31	37	13
스페인	27	31	24	18	100	33-67	7-19	27-31	35	22

미국 최다 : K.듀란트 30점 / K.듀란트, K.러브 9RB / L.제임스 4AS
스페인 최다 : P.가솔 24점 / S.이바카 9RB / P.가솔 7AS

PLAYER STATS PER GAME

PLAYERS	G-GS	MP	FG	FGA	FG%	3P	3PA	3P%	2P	2PA	2P%	FT	FTA	FT%	ORB	DRB	TRB	AST	STL	BLK	TOV	PF	PTS
Kevin Durant	8-8	26.0	6.1	12.6	0.485	4.3	8.1	0.523	1.9	4.5	0.417	3.0	3.4	0.889	0.8	5.0	5.8	2.6	1.6	0.6	1.0	1.6	19.5
Carmelo Anthony	8-0	17.8	5.8	10.8	0.535	2.9	5.8	0.500	2.9	5.0	0.575	1.9	2.4	0.789	1.5	3.3	4.8	1.3	0.5	0.0	0.9	2.6	16.3
LeBron James	8-8	25.0	5.5	9.1	0.603	0.8	2.5	0.300	4.8	6.6	0.717	1.5	2.0	0.750	1.9	3.8	5.6	5.6	1.4	0.3	1.0	1.8	13.3
Kobe Bryant	8-8	17.4	3.8	8.8	0.429	2.1	4.9	0.436	1.6	3.9	0.419	2.5	2.8	0.909	1.0	0.8	1.8	1.3	1.1	0.4	1.4	2.8	12.1
Kevin Love	8-0	17.3	4.3	6.8	0.630	1.0	2.8	0.364	3.3	4.0	0.813	2.1	3.8	0.567	3.4	4.3	7.6	0.4	0.3	0.3	0.3	2.0	11.6
Deron Williams	8-0	18.0	2.9	7.4	0.390	1.6	4.0	0.406	1.3	3.4	0.370	0.4	1.1	0.765	0.4	1.1	1.5	4.6	0.5	0.1	1.0	2.1	9.0
Russell Westbrook	8-0	13.8	2.8	5.8	0.478	0.5	1.5	0.333	2.3	4.3	0.529	2.4	3.4	0.741	0.1	1.5	1.6	1.6	1.0	0.0	0.9	1.8	8.5
Chris Paul	8-8	25.8	3.1	6.1	0.510	1.6	3.5	0.464	1.5	2.6	0.571	0.4	0.8	0.500	0.5	2.0	2.5	5.1	2.5	0.0	1.6	1.8	8.3
James Harden	8-0	9.1	2.1	4.3	0.500	0.8	2.5	0.300	1.4	1.8	0.786	0.5	0.9	0.571	0.0	0.6	0.6	1.0	0.5	0.0	0.5	0.8	5.5
Andre Iguodala	8-0	12.1	1.8	2.5	0.700	0.6	1.1	0.556	1.1	1.4	0.818	0.1	0.3	0.500	0.4	1.6	2.0	0.9	1.0	0.4	0.6	1.1	4.3
Tyson Chandler	8-8	11.3	1.8	2.5	0.700	0.0	0.0	—	1.8	2.5	0.700	0.4	1.5	0.333	2.0	2.0	4.0	0.4	0.5	0.5	0.4	2.1	4.0
Anthony Davis	7-0	7.6	1.6	2.4	0.647	0.0	0.0	—	1.6	2.4	0.647	0.6	0.9	0.667	0.4	2.3	2.7	0.0	0.4	0.1	0.4	1.1	3.7

WHOLE NEW TEAM

성공적 세대교체, 20대 초-중반 대거 기용

역대급 호화 멤버로 2008, 2012년 연속 올림픽 금메달을 따냈던 리딤팀은 더 존재하지 않았다. 그래서 슈셉스키 감독은 2016 리우 올림픽을 목표로 완전히 '새판짜기'에 들어갔다. 그 출발점은 스페인에서 개최된 2014 FIBA 월드컵이었다.

이 대회는 철저히 젊은 선수 위주로 구성했다. 명장은 이미 리우 올림픽에서 주축을 이룰 스타들을 머리에 그려 넣고 있었고, 그들을 뒷받침할 선수들을 고르기 위해 월드컵을 활용한 측면이 강하다. 실제 'USA 2014'는 평균 연령 24.1세로 1992년 이후 참가한 미국 대표팀 중 가장 어렸다.

미국은 이 대회에서 9전 전승으로 우승했다. 평균 득점 104.6점에 득실 마진 +33.0이었다. 국제 경험이 거의 없는 젊은 선수들을 데리고, 유럽의 강팀들을 연파하면서 훌륭한 성적을 거뒀다. 명장 슈셉스키의 지도력에 다시 한번 박수를 보낼 수밖에 없었다.

2016 리우 올림픽에 참가할 명단이 발표됐다. 폴 조지(인디애나), 케빈 듀란트, 클레이 탐슨, 드레이먼드 그린, 해리슨 반즈(이상 골든스테이트), 드마커스 커즌스(새크라멘토), 카이리 어빙(클리블랜드), 드마 드로잔, 카일 라우리(이상 토론토),

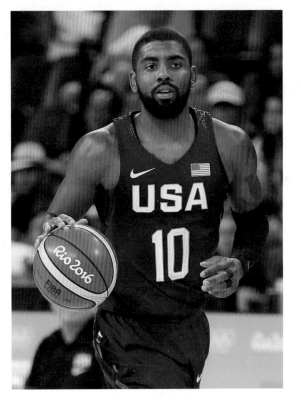

지미 버틀러(시카고), 디앤드리 조던(LA 클리퍼스), 카멜로 앤소니(뉴욕) 등이었다. 이중 2014 FIBA 월드컵에 참가했던 선수는 탐슨, 드로잔, 어빙, 커즌스 4명이었다. 결과적으로 월드컵을 통해 쓸만한 선수들을 잘 뽑은 셈이었다.

'USA 2016'은 올림픽 개막 직전 미국에서 중국, 베네수엘라, 나이지리아와 총 5차례 평가전을 가졌는데, 모두 20~50점 차이로 대승하며 워밍-업을 마쳤다.

미국은 리우 올림픽에서 역시 8전 전승으로 우승했다. 평균 득점은 100.9점, 득실 마진은 +22.5였다. 그러나 경기들을 자세히 분석해보면 마냥 쉬운 건 아니었다.

약체 중국을 119-62, 베네수엘라를 113-69로 압살할 때만 해도 쉬워보였다. 하지만, 호주, 세르비아, 프랑스전에서 모두 힘겨운 승리를 따냈다. 8강전인 아르헨티나전을 105-78로 쉽게 이겼으나 스페인과의 준결승에서 82-76으로 다시 고전했다. 다행히 세르비아와의 결승전에선 1쿼터 접전 상황을 빼고는 크게 앞서나가며 96-66으로 대승했다.

대회 전반을 놓고 보면 국제대회 지역방어에 고전하는 모습이 드러났다. 2대2 수비 또한 여러 가지로 아쉬운 모습을 보였다. 커즌스는 파울관리가 전혀 안돼 상대 빅맨에게 크게 고전하는 모습을 보였고, 조던 역시 소속 팀에서 크리스 폴과 뛸 때 보다는 영향력이 상당히 작았다. 다행히 고비마다 터져 준 듀란트와 앤소니의 득점포가 대표팀에 큰 힘이 될 수 있었다.

여러 가지 어려움 속에도 미국 대표팀은 올림픽 금메달 3연패(連霸)라는 위업을 달성했다. 선수들이 하나로 뭉쳤고, 좋은 분위기 속에서 레이스를 펼쳤다.

무엇보다 지난 12년간 미국 대표팀을 지휘한 슈셉스키의 공을 인정해야만 한다. 2004 아테네 올림픽 참사라는 잿더미 위에서 기초 공사를 다시 하고, 건물을 쌓아 올렸으며, 화려한 마감재료로 훌륭한 빌딩을 완성시켰다.

특히 그는 2008 베이징 올림픽을 시작으로 2010 FIBA 월드컵, 2012 런던 올림픽, 2014 FIBA 월드컵, 2016 리우 올림픽까지 농구의 메이저대회에서 5회 연속 우승하는 세계 최초의 감독이 되었다. 그는 올림픽 3연패(連霸)를 끝으로 무대에서 퇴장했다. 박수받으며 영예롭게 작별을 고한 것이다.

TEAM 2016 SUMMARY
8전 전승 100.9득점 78.4실점 +22.5 엔트리 12명 평균 26.7세 201cm / 로테이션 9명 평균 27.1세 201cm / 베스트 5 평균 26.8세 202cm

Player's Functions

TEAM POTENTIAL

90점

6위

하프코트 세트오펜스 9점
트랜지션 오펜스 9점
하프코트 세트디펜스 10점
트랜지션 디펜스 10점
리바운드 9점

선수층 9점
선수 경험치 9점
감독 리더십 10점
인기, 스타성 8점
글로벌 영향 8점

*각 항목은 10점 만점, 평가는 올림픽에 참가한 1992~2024년 미국 대표 9개팀 사이의 상대평가

Ball Handlers K.어빙 K.로우리 K.듀란트	**Pull-Ups** K.어빙 K.듀란트 K.탐슨	**Catch & Shoot** K.탐슨 K.듀란트 K.어빙
3 Pointers K.듀란트 K.탐슨 C.앤소니	**Slam Dunkers** D.조던 D.커즌스 D.드로잔	**Free Throw** J.버틀러 K.듀란트 K.어빙
Rebounders D.조던 D.커즌스 C.앤소니	**1-1 Defenders** D.그린 D.조던 K.탐슨	**Ball Stealers** P.조지 D.드로잔 D.그린
Key Passes K.어빙 D.그린 K.로우리	**Hustle Players** J.버틀러 D.그린 K.로우리	**Rim Protectors** D.조던 D.커즌스 P.조지

            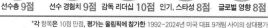

SQUAD & TACTICS

PF
카멜로 앤소니
드레이먼드 그린

C
드마커스 커즌스
디앤드리 조던

SF
클레이 탐슨
폴 조지
해리슨 반즈

SG
케빈 듀란트
지미 버틀러
더마 드로잔

PG
카이리 어빙
카일 로우리

Mike Krzyzewski
마이크 슈셉스키

생년월일 : 1947.02.13
출생지 : 미국 일리노이주 시카고

폴란드계 이민 2세라 그의 성(姓)을 발음하기 정말 어렵다. 그래서 그냥 애칭으로 '코치 K'로 불리기도 한다. 전 듀크 대학교와 미국 남자 대표팀에서 정말 많은 업적을 쌓았다. 듀크대를 이끌고 NCAA 통산 최다승, 5번의 NCAA 토너먼트 우승 기록을 가지고 있다. 아마추어 농구 최고의 명장이라고해도 과언이 아니다. 국제 무대에서는 1984 LA, 1992 바르셀로나 올림픽에서는 코치로, 2010 터키, 2014 스페인 세계수권 대회, 2008 베이징, 2012 런던, 2016 리우 올림픽에서 모두 우승했다. 지도자로 최고의 자리에서 박수를 받으며 떠났다.

TS	MS	3PS	FT	LU	DK	ID	OD	ST	BL	ORG	OR3	ORB	DRG	DR3	DRB	PS	BH	BQ	SP	PO	ED	HS	OG
터프샷 성공률	중거리 슈팅	3점 슈팅	자유투 성공률	레이업 플로터	슬램 덩크	안쪽 수비	외곽 수비	스틸	블락	가드 공격RB	SF 공격RB	빅맨 공격RB	가드 수비RB	SF 수비RB	빅맨 수비RB	패스	볼 핸들링	농구 IQ	스피드 민첩성	파워	지구력	허슬 플레이	종합 평가

G 4 — Jimmy BUTLER 지미 버틀러 · SG-SF

1989.09.14 / 201cm / 2011 드래프트 1R-30
올-디펜시브 세컨드팀, 올해의 수비선수상 투표 11위
올스타전 출전

2015-16 시카고 67경기 평균 36.9분

항목	PTS	RB	AS	ST	BL
경기 평균	20.9	5.3	4.8	1.6	0.6
36분 기준	20.4	5.2	4.7	1.6	0.6

항목 평점	TS	MS	3PS	FT	LU	DK	ID	OD	ST	BL
평점	A	C+	B+	B+	A-	B	D+	B+	C-	C+

항목 평점	ORG	DRG	PS	BH	BQ	SP	PO	ED	HS	OG
평점	C+	C+	C	C+	B	A-	D-	A	A-	A+

F 5 — Kevin DURANT 케빈 듀란트 · SF-PF

1988.09.29 / 211cm / 2007 드래프트 1R-2
시즌 MVP 투표 5위 / 올-NBA 세컨드팀 / 올스타전 출전
득점 3위 / 효율성 2위 / 윈셰어 2위

2015-16 오클라호마 시티 72경기 평균 35.8분

항목	PTS	RB	AS	ST	BL
경기 평균	28.2	8.2	5.0	1.0	1.2
36분 기준	28.3	8.2	5.0	1.0	1.2

항목 평점	TS	MS	3PS	FT	LU	DK	ID	OD	ST	BL
평점	A+	A-	A+	A+	A	B	D+	B+	C-	C+

항목 평점	OR3	DR3	PS	BH	BQ	SP	PO	ED	HS	OG
평점	D-	A+	C	B	A-	B-	D-	A	C	A

C 6 — DeAndre JORDAN 디앤드리 조던 · C

1988.07.21 / 211cm / 2008 드래프트 2R-35
올-NBA 퍼스트팀 / 올-디펜시브 퍼스트팀 / 올해의 수비선수상 4위
리바운드 2위 / 블락 2위 / 윈셰어 9위

2015-16 LA 클리퍼스 77경기 평균 33.7분

항목	PTS	RB	AS	ST	BL
경기 평균	12.7	13.8	1.2	0.7	2.3
36분 기준	13.6	14.7	1.3	0.7	2.5

항목 평점	TS	MS	3PS	FT	LU	DK	ID	OD	ST	BL
평점	A+	D-	D-	D-	B	A+	A	C	D+	A

항목 평점	ORB	DRB	PS	BH	BQ	SP	PO	ED	HS	OG
평점	A	A+	D-	D-	B	D	A	A-	A+	B+

G 7 — Kyle LOWRY 카일 로우리 · PG

1986.03.25 / 183cm / 2006 드래프트 1R-24
시즌 MVP 투표 10위 / 올-NBA 서드팀 / 기량 발전상 투표 19위
올해의 수비선수상 투표 13위 / 올스타전 출전 / 스틸 4위
윈셰어 8위

2015-16 토론토 77경기 평균 37.0분

항목	PTS	RB	AS	ST	BL
경기 평균	21.2	4.7	6.4	2.1	0.4
36분 기준	20.6	4.5	6.2	2.1	0.4

항목 평점	TS	MS	3PS	FT	LU	DK	ID	OD	ST	BL
평점	C-	C-	B	B+	A-	D-	D-	B-	D+	D-

항목 평점	ORG	DRG	PS	BH	BQ	SP	PO	ED	HS	OG
평점	D-	C	B+	B+	A-	B	D+	A	A+	B

F 8 — Harrison BARNES 해리슨 반스 · SF-PF

1992.05.30 / 203cm / 2012 드래프트 1R-7
NBA 파이널 준우승

2015-16 골든스테이트 66경기 평균 30.9분

항목	PTS	RB	AS	ST	BL
경기 평균	11.7	4.9	1.8	0.6	0.2
36분 기준	13.6	5.7	2.1	0.7	0.2

항목 평점	TS	MS	3PS	FT	LU	DK	ID	OD	ST	BL
평점	B-	A-	B	C	C+	B-	D-	C+	D-	D-

항목 평점	OR3	DR3	PS	BH	BQ	SP	PO	ED	HS	OG
평점	A+	B	D-	C	C	C+	C	A-	C+	B-

G 9 — DeMar DEROZAN 데마 드로잔 · SG-SF

1989.08.07 / 198cm / 2009 드래프트 1R-9
올스타전 출전 / 득점 9위

2015-16 토론토 78경기 평균 35.9분

항목	PTS	RB	AS	ST	BL
경기 평균	23.5	4.5	4.0	1.0	0.3
36분 기준	23.5	4.5	4.0	1.0	0.3

항목 평점	TS	MS	3PS	FT	LU	DK	ID	OD	ST	BL
평점	A+	A	A+	B	A	A-	D-	C+	C-	D-

항목 평점	ORG	DRG	PS	BH	BQ	SP	PO	ED	HS	OG
평점	D-	D+	C+	B-	B+	B-	D-	A+	B	B+

G 10 — Kyrie IRVING 카이리 어빙 · PG

1992.03.23 / 188cm / 2011 드래프트 1R-1
NBA 파이널 우승

2015-16 클리블랜드 53경기 평균 31.4분

항목	PTS	RB	AS	ST	BL
경기 평균	19.6	3.0	4.7	1.1	0.3
36분 기준	22.5	3.4	5.4	1.2	0.4

항목 평점	TS	MS	3PS	FT	LU	DK	ID	OD	ST	BL
평점	B+	A+	B+	B+	A	D-	D-	C	C+	D-

항목 평점	ORG	DRG	PS	BH	BQ	SP	PO	ED	HS	OG
평점	C	D-	C	A+	A-	B+	D	A+	B+	A-

G 11 — Klay THOMPSON 클레이 탐슨 · SG-SF

1990.02.08 / 198cm / 2011 드래프트 1R-11
NBA 파이널 준우승 / 올-NBA 서드팀 / 올스타전 출전

2015-16 골든스테이트 80경기 평균 33.3분

항목	PTS	RB	AS	ST	BL
경기 평균	22.1	3.8	2.1	0.8	0.6
36분 기준	23.9	4.1	2.2	0.8	0.7

항목 평점	TS	MS	3PS	FT	LU	DK	ID	OD	ST	BL
평점	C+	A+	A+	B+	B+	D	D	A-	D	D-

항목 평점	ORG	DRG	PS	BH	BQ	SP	PO	ED	HS	OG
평점	D-	D+	C+	C+	A-	D+	D-	A-	B-	A-

C 12 — DeMarcus COUSINS 드마커스 커즌스 · C-PF

1990.08.13 / 208cm / 2010 드래프트 1R-5
올-NBA 세컨드팀 / 올스타전 출전 / 리바운드 5위

2015-16 새크라멘토 65경기 평균 34.6분

항목	PTS	RB	AS	ST	BL
경기 평균	26.9	11.5	3.3	1.6	1.4
36분 기준	28.0	12.0	3.4	1.6	1.5

항목 평점	TS	MS	3PS	FT	LU	DK	ID	OD	ST	BL
평점	B-	B-	B-	C+	B+	A+	C+	D-	B+	B

항목 평점	ORB	DRB	PS	BH	BQ	SP	PO	ED	HS	OG
평점	C-	A	D-	C-	B+	C	A+	A+	A	A-

F 13 — Paul GEORGE 폴 조지 · SF-PF

1990.05.02 / 203cm / 2010 드래프트 1R-10
올-NBA 서드팀 / 올-디펜시브 세컨드팀 / 올스타전 출전
득점 10위 / 스틸 9위

2015-16 인디애나 81경기 평균 34.8분

항목	PTS	RB	AS	ST	BL
경기 평균	23.1	7.0	4.1	1.9	0.4
36분 기준	23.9	7.2	4.2	1.9	0.4

항목 평점	TS	MS	3PS	FT	LU	DK	ID	OD	ST	BL
평점	A	A+	B+	A-	B	B	D-	B+	B+	D-

항목 평점	OR3	DR3	PS	BH	BQ	SP	PO	ED	HS	OG
평점	D-	A-	C+	B	A-	C-	B-	A+	A-	A-

F 14 — Draymond GREEN 드레이먼드 그린 · PF-SF

1990.03.04 / 198cm / 2012 드래프트 2R-35
NBA 파이널 준우승 / 시즌 MVP 투표 7위 / 올-NBA 세컨드팀
올-디펜시브 퍼스트팀 / 올해의 수비선수상 투표 2위 올스타전
기량 발전상 투표 7위 / 어시스트 7위 / 윈셰어 10위

2015-16 골든스테이트 81경기 평균 34.7분

항목	PTS	RB	AS	ST	BL
경기 평균	14.0	9.5	7.4	1.5	1.4
36분 기준	14.5	9.9	7.7	1.5	1.4

항목 평점	TS	MS	3PS	FT	LU	DK	ID	OD	ST	BL
평점	D	B-	B-	C+	C	A-	B-	B	C	B

항목 평점	ORB	DRB	PS	BH	BQ	SP	PO	ED	HS	OG
평점	D	B	B-	C+	A	C+	A-	A	A	A

F 15 — Carmelo ANTHONY 카멜로 앤소니 · SF-PF

1984.05.29 / 201cm / 2003 드래프트 1R-3
올스타전 출전

2015-16 뉴욕 72경기 평균 35.1분

항목	PTS	RB	AS	ST	BL
경기 평균	21.8	7.7	4.2	0.9	0.5
36분 기준	22.4	7.9	4.3	0.9	0.5

항목 평점	TS	MS	3PS	FT	LU	DK	ID	OD	ST	BL
평점	A-	A	A	B-	B	B-	B-	B-	C-	D-

항목 평점	OR3	DR3	PS	BH	BQ	SP	PO	ED	HS	OG
평점	C	A	C	B-	B-	B-	A-	B	C	B

MATCH SUMMARY 결정적 위기마다 폭발한 듀란트와 탐슨의 득점포

"코비도 없고, 르브론도 없고." '명장' 슈셉스키 감독은 2008, 2012년과는 완전히 다른 팀을 구성했다. 코비와 르브론을 비롯한 슈퍼스타들로 '리딤팀'을 꾸렸던과 비교해 새 선수들, 새 전술로 무장하고 2016 리우 올림픽에 참가했다.

미국은 이 대회를 8전 전승으로 클리어, 금메달을 목에 걸었다. 1992년 드림팀이 참가한 이후 6번째이자, 2008년 이후 3회 연속 금메달이다.

미국은 첫 경기에서 대회 최약체 중 하나인 중국을 119-62로 초토화시켰다. 1쿼터에 30-10을 만들었고, 그것으로 게임 오버. 이 대회부터 대표팀 에이스가 된 케빈 듀란트가 25점 6어시스트로 활약했고, 카멜로 앤소니와 디앤드리 조던이 7리바운드를 기록했다.

2차전에서도 미국은 화려한 '농구 쇼'를 선보이며 베네수엘라를 113-69로 압살했다. 베네수엘라는 1쿼터에 18-18로 선전해 세상을 깜짝 놀라게 했다. 하지만 딱 거기까지. 미국은 2쿼터에서 22점 차를 만들었고, 그것으로 경기는 결판났다. 폴 조지가 20점으로 선봉 역할을 했다.

미국은 1,2차전을 가볍게 몸 풀 듯 이겼으나, 이후 예선 3경기에선 무척 고전했다.

3차전 호주를 상대로 3쿼터까지 70-67, 달랑 3점 차로 앞서 있었다. 다행히 4쿼터, 선수들의 슛이 잘 들어가며 98-88로 경기를 마무리했다. 앤소니가 31점 8리바운드로 활약했다.

4차전 세르비아전과 5차전 프랑스전은 정말 힘들었다. 자칫 했으면 경기를 그르칠 뻔했다. 두 경기 모두 패턴이 비슷했다. 미국이 3쿼터까지 두 자릿수로 앞서 있다가, 4쿼터에 대반격을 당해 아슬아슬하게 이겼다. 세르비아에는 94-91, 프랑스에는 100-97로 똑같이 3점 차 승리였다. 사실 미국은 이 2경기에서 야투율이 썩 좋지 않았다. 그런데 승리할 수 있었던 건 자유투 시도가 상대국보다 훨씬 많았기 때문이다(세르비아전 42-25, 프랑스전 27-13). 클레이 탐슨은 이 2경기에서 각각 30점씩 쏟아부으며 승리의 주역이 되었다.

아르헨티나와 치른 8강전은 오히려 수월하게 풀려 105-78로 이겼다. 듀란트가 27점 7리바운드 6어시스트로 주인공이 되었고, 조지가 17점 8리바운드, 드마커스 커즌스가 15점을 보탰다.

준결승 상대는 '숙명의 라이벌' 스페인. 1992년에 NBA 선수들이 올림픽에 출전한 이래 스페인은 정말 힘든 상대였다. 이 경기도 마찬가지로 미국이 82-76으로 어렵게 승리했다. 1쿼터에 26-17로 앞서 수월하게 풀리는가 했으나 스페인은 매 쿼터 끈질기게 따라붙었다. 특히, 4쿼터 막판의 집중력은 대단했다.

하지만 미국이 마무리를 잘 했다. 탐슨이 3점슛 4개를 포함해 22점으로 돋보였고, 듀란트가 13점, 카이리 어빙이 13점을 보탰다. 조던은 16개의 리바운드를 잡아냈다.

금메달 매치 상대는 예선에서 한번 맞붙었던 세르비아였다. 크

게 고전했던 첫 대결과는 달리, 결승전은 좀 싱겁게 끝났다. 미국이 96-66, 30점차로 압승했다. 듀란트가 30점을 터뜨렸고, 커즌스가 15리바운드를 올렸다. 이날 미국은 세르비아와의 리바운드 싸움에서 54-33, 압도적인 우세를 보였고, 이것이 승리의 원동력이었다. 예선전에선 리바운드 33-31로 두 팀이 비슷했다.

이 대회를 끝으로 슈셉스키 감독은 대표팀을 떠났다. 미국에 3개의 금메달을 안겨준 '명장'으로서 박수를 받으며 아름답게 작별했다.

2016 OLYMPIC PERFORMANCE

USA NATIONAL TEAM vs. OPPONENTS PER GAME STATS

미국 vs 상대국

	득실점	F↑ 필드골성공	FG% 필드골	3↑ 3점슛성공	3P% 3점슛 %	⊖ 자유투성공	FT% 자유투	OR 공격리바운드	RB 리바운드	A↑ 어시스트	스틸	블락	턴오버	파울
100.9 / 78.4		34.8 / 28.9	47.1% / 42.9%	10.4 / 6.5	36.9% / 28.6%	21.0 / 14.1	75.0% / 76.9%							
13.9 OR 7.1		41.6 RB 29.4	24.0 A↑ 20.0	8.8 😎 6.9	3.5 🏀 2.0	11.3 ↩ 15.1	21.3 ◈ 24.6							

2016 LIU OLYMPIC RESULT

2016.08.06(토)	1Q	2Q	3Q	4Q	T	FG	3P	FT	RB	AS
미국	30	29	32	28	119	38-74	10-27	33-45	52	31
중국	10	20	17	15	62	20-56	5-17	17-24	29	16

미국 최다 : K.듀란트 25점 / C.앤소니, D.조던 7RB / K.듀란트 6AS
중국 최다 : 이젠렌 25점 / 자오지웨이 6RB / 자오지웨이 5AS

2016.08.10(수)	1Q	2Q	3Q	4Q	T	FG	3P	FT	RB	AS
미국	29	20	21	28	98	34-87	17-39	13-18	47	17
호주	29	25	13	21	88	33-66	7-21	15-18	40	23

미국 최다 : C.앤소니 31점 / D.커즌스, C.앤소니 8RB / K.어빙 5AS
호주 최다 : P.밀스 30점 / M.델라베도바 6RB / M.델라베도바 11AS

2016.08.14(일)	1Q	2Q	3Q	4Q	T	FG	3P	FT	RB	AS
프랑스	24	22	23	28	97	41-73	5-19	10-13	35	28
미국	30	25	26	19	100	35-63	10-27	20-27	29	32

프랑스 최다 : S.드콜로 18점 / T.우에르텔 8RB / T.우에르텔 9AS
미국 최다 : K.탐슨 30점 / K.듀란트 6RB / K.어빙 12AS

2016.08.19(금)	1Q	2Q	3Q	4Q	T	FG	3P	FT	RB	AS
미국	26	19	21	16	82	33-79	9-26	7-14	53	15
스페인	17	22	18	19	76	28-72	8-26	12-16	41	14

미국 최다 : K.탐슨 22점 / D.조던 16RB / K.로우리, K.탐슨 3AS
스페인 최다 : P.가솔 23점 / P.가솔 8RB / S.로드리게스 5AS

2016.08.08(월)	1Q	2Q	3Q	4Q	T	FG	3P	FT	RB	AS
베네수엘라	18	8	25	18	69	22-64	5-18	20-25	32	15
미국	18	30	27	38	113	36-66	9-22	32-38	42	24

베네수엘라 최다 : J.콕스 19점 / G.에체니케 7RB / G.바르가스 5AS
미국 최다 : P.조지 20점 / D.조던 9RB / K.로우리 9AS

2016.08.12(금)	1Q	2Q	3Q	4Q	T	FG	3P	FT	RB	AS
세르비아	15	26	21	29	91	31-60	10-25	19-25	31	23
미국	27	23	22	22	94	27-55	7-20	33-42	33	28

세르비아 최다 : N.요키치 25점 / N.요키치 6RB / M.테오도시치 6AS
미국 최다 : K.탐슨 30점 / P.조지 9RB / K.어빙, D.커즌스 5AS

2016.08.17(수)	1Q	2Q	3Q	4Q	T	FG	3P	FT	RB	AS
아르헨티나	21	19	21	17	78	30-79	8-32	10-12	43	23
미국	25	31	31	18	105	41-89	11-33	12-17	54	21

아르헨티나 최다 : L.스콜라 15점 / L.스콜라 10RB / F.캄파소 9AS
미국 최다 : K.듀란트 27점 / P.조지 8RB / K.듀란트 6AS

2016.08.21(일)	1Q	2Q	3Q	4Q	T	FG	3P	FT	RB	AS
미국	19	33	27	17	96	34-77	10-31	18-23	54	24
세르비아	15	14	14	23	66	26-68	4-24	10-14	33	18

미국 최다 : K.듀란트 30점 / D.커즌스 15RB / K.로우리 5AS
세르비아 최다 : N.네도비치 14점 / N.요키치 4RB / B.보그다노비치, V.스티마치, M.테오도시치 3AS

PLAYER STATS PER GAME

PLAYERS	G-GS	MP	FG	FGA	FG%	3P	3PA	3P%	2P	2PA	2P%	FT	FTA	FT%	ORB	DRB	TRB	AST	STL	BLK	TOV	PF	PTS
Kevin Durant	8-8	28.8	6.5	11.3	0.578	3.1	5.4	0.581	3.4	5.9	0.574	3.3	4.0	0.813	0.4	4.6	5.0	3.5	1.0	0.5	2.0	1.3	19.4
Carmelo Anthony	8-8	23.3	4.1	10.5	0.393	2.3	5.6	0.400	1.9	4.9	0.385	1.6	2.6	0.619	1.6	3.6	5.3	2.3	0.6	0.3	0.9	2.5	12.1
Kyrie Irving	8-8	22.0	3.9	8.1	0.477	1.1	3.0	0.375	2.8	5.1	0.537	2.5	2.8	0.909	0.8	1.8	2.5	4.9	0.4	0.0	1.4	2.0	11.4
Paul George	8-2	19.0	4.0	8.8	0.457	1.0	3.5	0.286	3.0	5.3	0.571	2.3	2.6	0.857	2.1	2.4	4.5	1.9	1.5	0.6	0.5	2.3	11.3
Klay Thompson	8-6	21.1	3.5	9.6	0.364	2.0	6.1	0.327	1.5	3.5	0.429	0.9	1.1	0.778	0.6	1.9	2.5	1.6	0.8	0.1	1.1	2.1	9.9
DeMarcus Cousins	8-5	14.6	3.4	5.5	0.614	0.0	0.0	—	3.4	5.5	0.614	2.4	2.9	0.826	2.9	2.9	5.8	1.6	0.5	0.4	1.4	3.8	9.1
DeAndre Jordan	8-3	17.3	2.9	3.9	0.742	0.0	0.0	—	2.9	3.9	0.742	1.6	4.0	0.406	2.0	4.1	6.1	0.8	0.5	1.1	0.9	2.1	7.4
DeMar DeRozan	7-0	11.1	2.3	3.9	0.593	0.0	0.3	0.000	2.3	3.6	0.640	2.0	2.6	0.778	0.1	1.3	1.4	0.9	0.0	0.1	0.4	0.7	6.6
Jimmy Butler	8-0	14.4	1.6	4.8	0.342	0.3	1.1	0.222	1.4	3.6	0.379	2.1	2.3	0.944	1.6	2.5	1.4	1.0	1.1	0.0	1.3		5.6
Kyle Lowry	8-0	16.3	1.5	3.6	0.414	0.4	1.4	0.273	1.1	2.3	0.500	1.6	2.1	0.765	0.9	2.4	3.3	3.8	0.9	0.0	0.8	2.0	5.0
Harrison Barnes	4-0	8.0	1.5	3.3	0.462	0.3	0.8	0.333	1.3	2.5	0.500	1.0	1.0	1.000	0.5	1.3	1.8	0.5	0.0	0.3	0.8		4.3
Draymond Green	8-0	9.8	0.6	2.8	0.227	0.1	1.4	0.091	0.5	1.4	0.364	0.5	0.9	0.571	0.6	1.5	2.1	1.6	0.8	0.1	0.9	1.0	1.9

AGE HARMONY

신구조화 - 시작은 미약, 끝은 심히 창대

'USA 2020'의 출발은 2019년 FIBA 월드컵 때부터다. 그 이전까지 월드컵은 올림픽과 올림픽 사이의 짝수해에 열렸다. 그러다보니 축구 FIFA 월드컵과 일정이 너무 가까워 흥행에 악영향을 미친다는 판단 아래 원래 2018년 월드컵을 1년 미루고, 올림픽 개막 1년 전 홀수해에 열기로 확정했다.

마이크 슈셉스키에 이어 대표팀 지휘봉을 잡은 포포비치는 월드컵을 통해 완전히 새로운 팀을 만들기를 원했다. 그래서 국제 경험이 없는 젊은 선수들로 엔트리를 구성했다. 결국 올스타 출신은 브룩 로페스, 켐바 워커, 크리스 미들턴 등 단 3명이었고, 그중 워커만이 올-NBA 팀 경력을 가지고 있었다.

결과는 참담했다. 조별리그부터 불안한 경기력이 이어졌고, 8강전에서 결국 프랑스에 79-89 충격적인 패배를 당했다. 순위 결정전에서도 세르비아에게 1쿼터를 무려 7-32로 내주는 처참한 경기력을 보인 끝에 89-94로 졌다.

로스터 전원이 NBA 선수들일지라도, 국제무대 우승을 위해선 리그 정상급 스타들이 절대적으로 필요함을 증명한 대회였다.

2020 도쿄 올림픽에서 역경 극복은 미국의 황금 테마였다. 전 세계를 강타한 코로나 때문에 도쿄 올림픽은 2020년에서 2021년으로 1년 연기됐다. 당시 대회를 개최하느냐 마느냐로 논란이 있었고, 결국 무관중으로 치러졌다.

2020-21시즌 NBA 파이널은 7월에야 마무리됐다. 스타급 선수들이 참가를 고사하는 등 선수 소집 자체가 어려웠다. 그러나 그렉 포포비치 감독은 이 모든 난관을 극복하고, 가능한 한도 내에서 선수들을 최대한 하나로 모았다.

'USA 2020' 멤버 중 2019 FIBA 월드컵에도 출전했던 선수는 딱 2명, 제이슨 테이텀과 크리스 미들턴뿐이었다. 나머지 10명은 케빈 듀란트, 대미안 릴라드, 드루 할러데이, 드레이먼드 그린, 데빈 부커,

켈든 존슨, 잭 라빈, 뱀 아데바요, 제러미 그랜트, 저베일 맥기였다. 2016년 멤버보다는 네임밸류가 살짝 떨어졌지만, 2019 FIBA 월드컵 명단보다는 훨씬 좋았다.

포포비치는 끈끈한 팀워크를 강조하며 끝내 올림픽 4연패(連霸)를 이뤄냈다. 그는 개막전 몇 시간 전까지 12명의 선수를 모두 한 코트에 두지 않는 시험을 했고, 결과적으로 성공적인 경기를 치렀다.

미국은 개막전인 프랑스전에서 76-83으로 충격적인 패배를 당했다. 하지만 이란을 120-66으로 대파하면서 한숨을 돌렸고, 체코 119-84, 스페인 95-81을 연파하면서 4강에 올랐다. 준결승 상대는 호주. 미국은 리바운드와 야투에서 우세를 보이며 97-78로 넉넉하게 승리했다.

결승전은 예선리그에서 맞붙었던 프랑스와의 리턴 매치였다. 미국으로서는 설욕전을 치러야 했다.

프랑스전 초반, 앞선 경기들과 마찬가지로 상대에게 밀리며 고전했으나 곧바로 정신을 차리며 전반을 44대39로 리드한 채 끝냈다. 그리고 3쿼터까지 듀란트, 테이텀, 드루의 활약으로 71-63으로 앞서갔다. 경기 막판, 프랑스가 거세게 추격했지만, 미국이 마무리를 잘 했고, 87-82로 승리하면서 우승했다. 당초 이 대표팀에 대해 걱정하는 시각이 있었지만, 감독 이하 선수들이 하나가 되어 잘 극복했다.

'USA 2020'이 고전 끝에 겨우 금메달을 따내자, 미국 국내에서는 1992년의 드림팀, 2008, 2012년의 리딤팀같은 '슈퍼팀'이 다시 만들어져야 한다는 여론이 폭발했다. 그래서 등장 한 것이 'USA 2024'였다.

포포비치 감독은 이 대회를 끝으로 지휘봉을 놓았다. 그리고 그 후임자는 골든스테이트 왕조를 열어젖힌 스티브 커였다.

TEAM 2020 SUMMARY

6전 5승 1패 99.0득점 79.0실점 +20.0 엔트리 12명 평균 27.7세 200cm / 로테이션 9명 평균 27.9세 199cm / 베스트 5 평균 29.8세 198cm

Player's Functions

TEAM POTENTIAL

86점

7위

하프코트 세트오펜스 9점	트랜지션 오펜스 9점	하프코트 세트디펜스 10점	트랜지션 디펜스 9점	리바운드 7점
선수층 8점	선수 경험치 8점	감독 리더십 10점	인기, 스타성 8점	글로벌 영향 8점

*각 항목은 10점 만점, 평가는 올림픽에 참가한 1992~2024년 미국 대표 9개팀 사이의 상대평가

Ball Handlers
D. 릴라드
D. 부커
J. 할러데이

Pull-Ups
K. 듀란트
J. 테이텀
D. 릴라드

Catch & Shoot
K. 듀란트
J. 테이텀
D. 릴라드

3 Pointers
K. 듀란트
J. 테이텀
D. 릴라드

Slam Dunkers
J. 테이텀
Z. 라빈
B. 아데바요

Free Throw
K. 듀란트
D. 부커
J. 테이텀

Rebounders
B. 아데바요
J. 그랜트
K. 듀란트

1-1 Defenders
D. 그린
J. 할러데이
B. 아데바요

Ball Stealers
D. 부커
J. 할러데이
B. 아데바요

Key Passes
Z. 라빈
J. 할러데이
D. 그린

Hustle Players
D. 그린
J. 테이텀
D. 릴라드

Rim Protectors
J. 맥기
B. 아데바요

SQUAD & TACTICS

PF
드레이먼드 그린
크리스 미들턴
제러미 그랜트

C
뱀 아데바요
자베일 맥기

SF
케빈 듀란트
잭 라빈
제이슨 테이텀

SG
드루 할러데이
켈던 존슨

PG
데미안 릴라드
데빈 부커

Gregg POPOVICH
그렉 포포비치

생년월일 : 1949.01.28
출생지 : 미국 인디애나주 이스트시카고

NBA 감독 중 살아있는 전설이다. 현재 27개째 샌안토니오 스퍼스에서만 감독직을 수행하고 있다. 이는 NBA 역사상 가장 오랫동안 연임을 한 감독임과 동시에, 미국 4대 프로 스포츠 전체 현역 감독 중 한 팀에서 가장 오래 연속 근무 중인 감독이기도 하다. '올해의 감독상'을 3번이나 수상했고, 선수, 지도자를 잘 육성하는 감독으로 꼽힌다. 샌안토니오 감독으로 22년 연속 PO에 진출하며 5차례 NBA 타이틀을 거머쥐었다. 또한, 역대 NBA 통산 최다승 감독으로 기록을 경신 중이다. 2020 도쿄 올림픽 금메달은 또 하나의 영예다.

TS	MS	3PS	FT	LU	DK	ID	OD	ST	BL	ORG	OR3	ORB	DRG	DR3	DRB	PS	BH	BQ	SP	PO	ED	HS	OG
터프샷 성공률	중거리 슈팅	3점 슈팅	자유투 성공률	레이업 플로터	슬램 덩크	안쪽 수비	외곽 수비	스틸	블락	가드 공격RB	SF 공격RB	빅맨 공격RB	가드 수비RB	SF 수비RB	빅맨 수비RB	패스	볼 핸들링	농구 IQ	스피드 민첩성	파워	지구력	허슬 플레이	종합 평가

Keldon JOHNSON 켈든 존슨 — F 4 — SF
1999.10.11 / 196cm / 2019 드래프트 1R-29

특이사항 없음

2020-21 샌안토니오 69경기 평균 28.5분	PTS	RB	AS	ST	BL
경기 평균	12.8	6.0	1.8	0.6	0.3
36분 기준	16.1	7.5	2.2	0.7	0.4

항목	TS	MS	3PS	FT	LU	DK	ID	OD	ST	BL
평점	B+	B	B-	B+	C+	C	D	C+	D	D
항목	OR3	DR3	PS	BH	BQ	SP	PO	ED	HS	OG
평점	B-	B+	C	C+	D+	C	C	A-	A	C+

Zach LAVINE 잭 라빈 — G 5 — SG-SF
1995.03.10 / 196cm / 2014 드래프트 1R-13

득점 7위

2020-21 시카고 58경기 평균 35.1분	PTS	RB	AS	ST	BL
경기 평균	27.4	5.0	4.9	0.8	0.5
36분 기준	28.2	5.1	5.0	0.8	0.5

항목	TS	MS	3PS	FT	LU	DK	ID	OD	ST	BL
평점	B+	B+	B+	B-	A	D+	D	D-	D	D
항목	OR3	DR3	PS	BH	BQ	SP	PO	ED	HS	OG
평점	D-	C+	C+	B+	B-	B	D-	A+	B	B

Damian LILLARD 대미안 릴라드 — G 6 — PG
1990.07.15 / 188cm / 2012 드래프트 1R-6

시즌 MVP 투표 8위 / 올-NBA 세컨드팀 / 올스타전 출전
득점 3위 / 어시스트 7위 / 효율성 8위 / 윈셰어 3위

2020-21 포틀랜드 67경기 평균 35.8분	PTS	RB	AS	ST	BL
경기 평균	28.8	4.2	7.5	0.9	0.3
36분 기준	28.9	4.2	7.6	0.9	0.3

항목	TS	MS	3PS	FT	LU	DK	ID	OD	ST	BL
평점	A	B-	A-	A+	B-	D	D-	D+	D+	D-
항목	ORG	DRG	PS	BH	BQ	SP	PO	ED	HS	OG
평점	D-	D+	A-	A	A	B+	D-	A+	A	A

Kevin DURANT 케빈 듀란트 — F 7 — SF-PF
1988.09.29 / 211cm / 2007 드래프트 1R-2

오른쪽 아킬레스건 부상으로 2019-20시즌 전혀 출전하지 못했다.

2020-21 브루클린 35경기 평균 33.1분	PTS	RB	AS	ST	BL
경기 평균	26.9	7.1	5.6	0.7	1.3
36분 기준	29.3	7.7	6.1	0.8	1.4

항목	TS	MS	3PS	FT	LU	DK	ID	OD	ST	BL
평점	A+	A+	B+	B+	A	B	D+	B	D	B
항목	OR3	DR3	PS	BH	BQ	SP	PO	ED	HS	OG
평점	D-	A+	C+	A-	A-	B	D	A	B	A

Khris MIDDLETON 크리스 미들턴 — F 8 — SF-SG
1991.08.12 / 201cm / 2012 드래프트 2R-39

올스타전 출전

2020-21 밀워키 68경기 평균 33.4분	PTS	RB	AS	ST	BL
경기 평균	20.4	6.0	5.4	1.1	0.1
36분 기준	22.0	6.4	5.9	1.2	0.1

항목	TS	MS	3PS	FT	LU	DK	ID	OD	ST	BL
평점	A	A+	B-	B-	B+	C+	C-	B	C+	D-
항목	OR3	DR3	PS	BH	BQ	SP	PO	ED	HS	OG
평점	D-	B	C+	C+	C	C	C-	A-	B-	B

Jerami GRANT 제라미 그랜트 — F 9 — SF-PF
1994.03.12 / 201cm / 2014드래프트 2R-39

특이사항 없음

2020-21 디트로이트 54경기 평균 33.9분	PTS	RB	AS	ST	BL
경기 평균	22.3	4.6	2.8	0.6	1.1
36분 기준	23.7	4.9	3.0	0.7	1.1

항목	TS	MS	3PS	FT	LU	DK	ID	OD	ST	BL
평점	B-	B+	B-	B-	B+	B	C-	D+	D-	C
항목	ORB	DRB	PS	BH	BQ	SP	PO	ED	HS	OG
평점	D-	D-	D+	C	C	C+	C-	A	A	B-

Jayson TATUM 제이슨 테이텀 — F 10 — SF-PF
1998.03.03 / 203cm / 2017 드래프트 1R-3

시즌 MVP 투표 12위 / 올-NBA 서드팀 / 기량 발전상 투표 4위
올스타전 출전 / 득점 10위

2020-21 보스턴 64경기 평균 35.8분	PTS	RB	AS	ST	BL
경기 평균	26.4	7.4	4.3	1.2	0.5
36분 기준	26.6	7.4	4.3	1.2	0.5

항목	TS	MS	3PS	FT	LU	DK	ID	OD	ST	BL
평점	A-	A	B+	C+	A	B+	B-	B+	D+	D-
항목	OR3	DR3	PS	BH	BQ	SP	PO	ED	HS	OG
평점	D-	A	C+	B+	A-	B	C-	A	A+	A

JaVale MCGEE 자베일 맥기 — C 11 — C
1988.01.19 / 213cm / 2008 드래프트 1R-18

특이사항 없음

2020-21 클리블랜드+덴버 46경기 평균 14.7분	PTS	RB	AS	ST	BL
경기 평균	7.3	5.2	0.8	0.4	1.2
36분 기준	17.9	12.7	2.1	1.0	2.9

항목	TS	MS	3PS	FT	LU	DK	ID	OD	ST	BL
평점	C+	D	D-	D	D	A	C+	D-	C-	A
항목	ORB	DRB	PS	BH	BQ	SP	PO	ED	HS	OG
평점	B	B-	D-	D-	C-	D	C-	C+	C	C+

Jrue HOLIDAY 드루 할러데이 — G 12 — PG-SG
1990.06.12 / 193cm / 2009 드래프트 1R-17

스틸 5위

2020-21 밀워키 59경기 평균 32.3분	PTS	RB	AS	ST	BL
경기 평균	17.7	4.5	6.1	1.6	0.6
36분 기준	19.7	5.1	6.7	1.8	0.7

항목	TS	MS	3PS	FT	LU	DK	ID	OD	ST	BL
평점	A	C-	B	B-	B	C	D	A+	B+	D-
항목	ORG	DRG	PS	BH	BQ	SP	PO	ED	HS	OG
평점	B	D+	B	B+	B	B	A-	A-	A-	B-

Bam ADEBAYO 뱀 아데바요 — C 13 — PF-C
1997.07.18 / 206cm / 2017 드래프트 1R-14

NBA 파이널 준우승 / 올-디펜시브 세컨드팀 / 올스타전 출전
올해의 수비선수상 5위 / 기량 발전상 투표 2위 / 윈셰어 9위

2020-21 마이애미 64경기 평균 33.5분	PTS	RB	AS	ST	BL
경기 평균	18.7	9.0	5.4	1.2	1.0
36분 기준	20.1	9.6	5.8	1.3	1.1

항목	TS	MS	3PS	FT	LU	DK	ID	OD	ST	BL
평점	A	C-	B-	B-	B	A	A+	B+	B-	C
항목	ORB	DRB	PS	BH	BQ	SP	PO	ED	HS	OG
평점	C	A-	C+	C	C	B	A-	A-	B+	

Draymond GREEN 드레이먼드 그린 — F 14 — PF-SF
1990.03.04 / 198cm / 2012 드래프트 2R-35

어시스트 4위 / 스틸 4위

2020-21 골든스테이트 63경기 평균 31.5분	PTS	RB	AS	ST	BL
경기 평균	7.0	7.1	8.9	1.7	0.8
36분 기준	8.1	8.2	10.1	1.9	0.9

항목	TS	MS	3PS	FT	LU	DK	ID	OD	ST	BL
평점	C	C-	D	C-	C-	A+	C	A	B+	
항목	ORB	DRB	PS	BH	BQ	SP	PO	ED	HS	OG
평점	D-	C+	B	C+	A-	C	A-	B+	A+	B

Devin BOOKER 데빈 부커 — G 15 — SG-PG
1996.10.30 / 198cm / 2015 드래프트 1R-13

올스타전 출전

2020-21 피닉스 67경기 평균 33.9분	PTS	RB	AS	ST	BL
경기 평균	25.6	4.2	4.3	0.8	0.2
36분 기준	27.2	4.5	4.6	0.8	0.3

항목	TS	MS	3PS	FT	LU	DK	ID	OD	ST	BL
평점	A	A	B-	A	C+	C+	D	D		
항목	ORG	DRG	PS	BH	BQ	SP	PO	ED	HS	OG
평점	D-	C	B+	A-	B+	C+	D-	A	B-	A-

MATCH SUMMARY 프랑스전 패배로 출발, 프랑스전 승리로 대미 장식

이 대회는 코로나 때문에 1년 늦게 열렸다. 미국도 대표팀을 소집하는 게 쉽지 않았지만, 포포비치 감독은 끝까지 기다리면서 정예 멤버를 꾸릴 수 있도록 노력했다. 미국의 올림픽 4연패(連霸)는 이렇게 출발했다.

그런데 시작부터 암초를 만났다. 개막전에서 프랑스에 덜미를 잡힌 것. 미국은 4쿼터 시작 시점에 6점 앞서 있었고, 종료 3분 41초 전에는 74-67로 리드하고 있었다. 그런데 그때 대이변이 일어났다. 이 시간 동안 미국 선수들의 슛이 계속 불발하는 사이, 프랑스 선수들의 슛은 폭발했고, 16-2로 런(run)을 했다. 결국, 미국은 경기 막판에 76-83으로 대역전패 했다.

포포비치 감독은 선수들과 미팅을 하고, "이거 아무것도 아니야. 오늘 내가 잘못해서 진 거야. 남은 경기 다 이기자. 여러분은 최고의 선수들"이라며 심리적인 안정감을 심어주었다. 그러자 선수들도 노(老)감독의 따뜻한 배려에 화답했다.

이란과의 2차전은 1차전 패배로 충격에 빠졌던 선수들에게는 일종의 '피로회복제'였다. 1쿼터 28-12 런(run)을 시작으로 경기 내내 이란을 압도했고, 120-66, 거의 더블스코어 가까운 압승을 거뒀다. 이날 미국은 12명 중 6명이 두 자릿 수 득점을 올렸다.

예선 3차전인 체코전, 8강전인 스페인전, 그리고 준결승인 호주전 3경기 연속 공통점이 있었다. 미국이 모두 1쿼터를 뒤진 채 끝냈다는 것.

체코전은 1쿼터를 18-25, 7점 차로 밀렸지만, 2쿼터에 바로 뒤집고 점수 차를 벌려 119-84로 이겼다. 스페인전 1쿼터는 19-21로 뒤졌지만 역시 2쿼터에 역전한 후 차곡차곡 점수를 쌓아 95-81로 승리했다. 호주전 1쿼터는 18-24로 출발했고, 전반도 42-45로 끝냈으나 3쿼터에 32-10으로 런(run)한 끝에 97-78로 완승했다.

테이텀은 체코전 27점으로 주인공이 됐다. 듀란트는 스페인전 29점, 호주전 23점으로 2경기 연속 최고의 활약을 보이며 영웅으로 떠올랐다.

결승전 상대는 예선 첫 경기에서 쓰라린 패배를 안겼던 프랑스였다. 포포비치 감독과 선수들은 단단히 각오를 다지고 코트에 나섰다. 미국은 1쿼터를 22-18로 마친 뒤 꾸준히 리드를 지켰다. 4쿼터 시작 시점에 71-63, 8점 차로 앞서 있었다. 미국은 첫 경기 패배를 교훈 삼아 절대 무리하지 않았다. 철저히 안정되게 볼을 관리하고, 확실한 상황에서만 슛을 했다. 결국, 역전당하지 않고, 경기를 87-82로 끝냈다.

듀란트가 29점으로 제대로 폭발했고, 테이텀이 19점 7리바운드, 드루 할러데이가 11점 5리바운드를 각각 기록했다.

'포포비치호'는 일단, 금메달 목표는 달성했다. 그러나 시작부터 프랑스에 덜미를 잡히며 삐걱거렸고, 이란전을 제외하고는 어느 1경기 시원스러운 모습을 보이지 못했다. 미국은 아쉬움을 해결하기 위해 4년 후에는 또 다른 슈퍼 팀을 조합해 올림픽에 출전한다.

2020 OLYMPIC PERFORMANCE

USA NATIONAL TEAM vs. OPPONENTS PER GAME STATS

미국 vs 상대국

| 특실점 | | F↑ 필드골성공 | | FG% 필드골 | | 3↑ 3점슛성공 | | 3P% 3점슛 | | ⊖ 자유투성공 | | FT% 자유투 | | OR 공격리바운드 | | RB 리바운드 | | A↑ 어시스트 | | 🎭 스틸 | | 🏀 블락 | | ↩ 턴오버 | | 🏷 파울 |

| 99.0 | 🏀 | 79.0 | 36.3 | **F↑** | 28.2 | 49.9% | **FG%** | 44.5% | 13.3 | **3↑** | 8.8 | 39.0% | **3P%** | 35.1% | 13.0 | ⊖ | 13.8 | 78.0% | **FT%** | 67.5% |
| 8.2 | **OR** | 8.3 | 33.7 | **RB** | 34.2 | 24.5 | **A↑** | 18.0 | 9.8 | 🎭 | 5.0 | 5.2 | 🏀 | 1.5 | 10.2 | ↩ | 15.7 | 20.3 | 🏷 | 16.3 |

2020 TOKYO OLYMPIC RESULT

2021.07.25(일)	1Q	2Q	3Q	4Q	T	FG	3P	FT	RB	AS
미국	22	23	11	20	**76**	25-69	10-32	16-21	36	23
프랑스	15	22	25	21	**83**	29-62	8-27	17-24	42	18

미국 최다: J.할러데이 18점 / B.아데바요 10RB / D.그린, J.할러데이 4AS
프랑스 최다: E.포니에 28점 / R.고베어 9RB / N.바툼, N.드콜로 5AS

2021.07.31(토)	1Q	2Q	3Q	4Q	T	FG	3P	FT	RB	AS
체코	25	18	17	24	**84**	34-68	8-18	8-13	29	17
미국	18	29	35	37	**119**	45-73	20-42	9-12	36	24

체코 최다: B.실프 17점 / T.사토란스키 6RB / T.사토란스키 8AS
미국 최다: J.테이텀 27점 / K.듀란트 8RB / K.규란트 6AS

2021.08.05(목)	1Q	2Q	3Q	4Q	T	FG	3P	FT	RB	AS
호주	24	21	10	23	**78**	25-61	11-26	17-24	29	22
미국	18	24	32	23	**97**	38-74	9-28	12-14	44	19

호주 최다: P.밀스 15점 / J.랜데일 6RB / P.밀스 8AS
미국 최다: K.듀란트 23점 / K.듀란트 9RB / J.할러데이 8AS

2021.08.07(토)	1Q	2Q	3Q	4Q	T	FG	3P	FT	RB	AS
미국	22	22	27	16	**87**	32-70	9-32	14-21	34	18
프랑스	18	21	24	19	**82**	27-58	10-31	18-29	41	22

미국 최다: K.듀란트 29점 / J.테이텀 7RB / D.그린 5AS
프랑스 최다: E.포니에, R.고베어 16점 / R.고베어 8RB / N.드콜로 7AS

2021.07.28(수)	1Q	2Q	3Q	4Q	T	FG	3P	FT	RB	AS
이란	12	18	13	23	**66**	25-67	9-26	7-13	39	17
미국	28	32	22	38	**120**	42-76	19-39	17-18	39	34

이란 최다: H.하다디, M.잠시디 14점 / H.하다디 7RB / P.잘랄푸르, M.잠시디 3AS
미국 최다: D.릴라드 21점 / D.부커, K.듀란트 5RB / Z.라빈 8AS

2021.08.03(화)	1Q	2Q	3Q	4Q	T	FG	3P	FT	RB	AS
미국	19	24	26	26	**95**	36-75	13-32	10-14	32	28
스페인	21	22	20	18	**81**	29-64	7-23	16-20	42	12

미국 최다: K.듀란트 29점 / D.부커 9RB / D.부커, J.할러데이 5AS
스페인 최다: R.루비오 38점 / W.에르난고메스 10RB / W.에르난고메스 3AS

PLAYER STATS PER GAME

PLAYERS	G-GS	MP	FG	FGA	FG%	3P	3PA	3P%	2P	2PA	2P%	FT	FTA	FT%	ORB	DRB	TRB	AST	STL	BLK	TOV	PF	PTS
Kevin Durant	6-6	27.5	7.5	14.2	0.529	2.5	6.7	0.375	5.0	7.5	0.667	3.2	3.5	0.905	0.2	5.2	5.3	3.7	1.0	1.2	0.8	2.2	**20.7**
Jayson Tatum	6-0	20.5	5.5	11.2	0.493	2.8	6.3	0.447	2.7	4.8	0.552	1.3	1.8	0.727	0.3	3.0	3.3	1.2	0.5	1.2	1.5	1.5	**15.2**
Jrue Holiday	6-5	25.8	4.7	9.7	0.483	1.2	3.3	0.350	3.5	6.3	0.553	1.3	2.0	0.667	2.0	2.8	4.8	3.8	1.7	0.8	2.0	1.7	**11.8**
Damian Lillard	6-6	24.2	3.8	10.0	0.383	2.7	7.7	0.348	1.2	2.3	0.500	0.8	1.5	0.556	0.3	2.3	2.7	3.2	0.5	0.0	1.3	2.0	**11.2**
Zach LaVine	6-1	19.0	3.5	5.8	0.600	1.7	3.7	0.455	1.8	2.2	0.846	1.0	1.2	0.857	0.7	1.3	2.0	3.3	0.3	0.0	1.0	2.0	**9.7**
Devin Booker	6-5	20.7	3.2	7.5	0.422	0.8	2.5	0.333	2.3	5.0	0.467	2.2	2.3	0.929	0.7	2.5	3.2	1.8	1.5	0.3	1.2	2.5	**9.3**
Bam Adebayo	6-6	19.3	2.7	4.7	0.571	0.0	0.0	—	2.7	4.7	0.571	1.0	1.7	0.600	2.2	3.5	5.7	1.8	1.3	1.2	1.7	1.7	**6.3**
Javale McGee	4-0	5.0	2.5	3.3	0.769	0.0	0.3	0.000	2.5	3.0	0.833	1.3	1.5	0.833	0.5	0.8	1.3	0.3	0.5	0.5	0.0	0.8	**6.3**
Khris Middleton	6-0	15.7	2.3	5.2	0.452	1.0	2.8	0.353	1.3	2.3	0.571	0.2	0.3	0.500	0.0	1.0	1.0	1.7	0.8	0.0	0.7	1.7	**5.8**
Draymond Green	6-1	17.7	1.2	1.5	0.778	0.5	0.5	1.000	0.7	1.0	0.667	0.7	0.7	1.000	0.5	2.2	2.7	2.8	1.2	0.2	1.2	3.8	**3.5**
Jerami Grant	4-0	5.0	0.3	0.8	0.333	0.3	0.5	0.500	0.0	0.3	0.000	0.0	0.0	—	0.0	1.0	1.0	0.3	0.0	0.0	0.3	0.8	**1.0**
Keldon Johnson	4-0	5.5	0.3	0.8	0.333	0.0	0.0	0.000	0.3	0.8	0.333	0.3	0.3	1.000	0.0	1.0	1.0	0.0	0.0	0.0	0.0	0.5	**1.0**

THE LAST DANCE

르브론-커리-듀란트, '전설 트리오' 마지막 무대

미국은 2020 도쿄 올림픽 때 첫 경기에서 패하는 등 고전 끝에 금메달을 따냈다. 사실 'USA 2020'은 전력상 완전체는 아니었다.

미국 농구협회는 물러난 그렉 포포비치의 뒤를 이어 스티브 커를 새 대표팀 감독으로 임명했다. 커는 2024 파리 올림픽을 염두에 두고, 일단 2023 FIBA 월드컵을 새 선수를 뽑는 시험장으로 삼았다. NBA에서 재능을 인정받은 젊은 선수들이 대거 참여했다.

그러나 미국은 이 대회에서 인상적인 모습을 보이지 못했다. 8전 5승 3패로 4위에 머물렀던 것. 결과뿐 아니라 내용 면에서도 부족해 보였다. 이대로 가다간 2024 파리 올림픽 우승은 물건너갈 것이라는 불안감이 엄습했다.

그래서 "다시 한번 슈퍼 팀을 만들자"라는 여론이 급등했다.

총대를 르브론이 멨다. 그는 스테픈 커리, 앤소니 데이비스, 케빈 듀란트 등 현역 최고의 스타들에게 "함께 힘을 합쳐 마지막 불꽃을 태우자"고 설득했다. 이들은 나이상 이번 올림픽 출전이 사실상의 마지막 메이저대회가 될 수밖에 없는 상황이었다.

4월 15일 ESPN은 "미국 농구 대표팀 12명의 로스터중 11명이 확정되었다"고 보도했다.

당초 예상했던 것처럼 르브론 제임스, 스테판 커리, 앤소니 에드워즈, 케빈 듀란트, 타이리스 할리버튼, 제이슨 테이텀, 조엘 엠비드, 드루 할러데이, 뱀 아데바요 등 '꿈의 군단'이 탄생했다. 남은 한 자리는 맨 처음에는 카와이 레너드에게 돌아갔다. 그러나 레너드가 갑자기 고사하면서 그 자리는 데릭 화이트에게 돌아갔다.

이 팀은 2012 런던 올림픽의 리딤팀에 이어 가장 이름값이 높은 팀이었다. 더구나 지카 바이러스 우려가 있었던 2016 리우, 코로나 확산으로 1년 늦게 개최된 2020 도쿄 올림픽과 비교해 프랑스 파리는 보건, 안전 문제가 없었다. 선수들이 합류하는 데 훨씬 적극적이었다.

이 팀은 '어벤저스 팀'으로 불렸다. 그런데 이 명칭을 처음으로 거론한 사람은 카멜로 앤소니였다. 2024년 5월 로스터 발표 직후 한

팟캐스트 방송에서 한 말이다.

예전 드림팀이나 리딤팀은 언론에서 붙여준 명칭이었다. 그래서 '어벤저스 팀'이라는 명칭은 언론에서 그리 자주 언급되는 편은 아니다. 특히, 드림팀과 리딤팀 명칭은 세계 스포츠사에 영원히 남겠지만, '어벤저스 팀'이라는 명칭이 그렇게 될지는 미지수다.

'USA 2024'는 파리 올림픽에서 6전 전승으로 우승했다.

조별리그에서 세르비아를 110-84, 남수단을 103-86, 푸에르토리코를 104-83으로 각각 완파했다. 8강전에선 브라질을 128-87로 누르고 준결승에 진출했다.

세르비아와는 대회 개막 직전의 평가전과 조별리그까지 이미 두 경기를 치렀던 상황이다. 앞선 두 경기에선 미국이 비교적 쉽게 이겼다. 그러나 세르비아의 달라진 전술과 외곽포가 제대로 불을 뿜으며 3쿼터까지 리드 당했고, 4쿼터 한때 점수가 15점까지 벌어졌다. 하지만 르브론의 트리플 더블 활약과 그간의 부진을 완벽히 씻어버린 커리의 36점 대활약(3점슛 9개 포함)에 힘입어 종료 3분 전 기적적으로 역전하며 95-91로 이겼다.

결승전 상대는 홈팀 프랑스. 미국은 르브론의 덩크로 득점을 올리며 리드를 시작했고, 차근차근 점수를 벌리며 앞서나갔다. 그러나 프랑스는 3쿼터 중반부터 스코어를 좁히기 시작했다. 4쿼터 중반, 프랑스가 3점 차까지 따라붙은 위기 상황. 그런데 이때 슈퍼스타 커리가 무시무시한 폭발력을 보이며 승부를 결정지어버렸다. 매우 먼거리에서 쏜 3점슛 4방이 모두 림을 통과했다. 승부에 쐐기를 박아버렸다. 98-87로 미국이 승리하고 금메달을 획득했다.

제임스, 커리, 듀란트는 이제 전설로 남았다. 4년 후에 그들이 또 올림픽에 참가할 가능성은 크지 않다. 중요한 건 농구 인생 내내 완벽한 몸 관리로 후배들에게 큰 귀감이 되었고, 가장 중요한 대회에서 힘을 합쳐 미국의 영광을 재현했다는 점이다.

TEAM 2024 SUMMARY

6전 전승 105.3득점 86.3실점 +19.0 엔트리 12명 평균 30.1세 201cm / 로테이션 9명 평균 31.1세 201cm / 베스트 5 평균 31.6세 201cm

TEAM POTENTIAL

94점

2위

아이콘	항목	점수
	하프코트 세트오펜스	10점
	트랜지션 오펜스	10점
	하프코트 세트디펜스	9점
	트랜지션 디펜스	9점
	리바운드	8점
	선수층	10점
	선수 경험치	10점
	감독 리더십	10점
	인기, 스타성	9점
	글로벌 영향	9점

*각 항목은 10점 만점, 평가는 올림픽에 참가한 1992~2024년 미국 대표 9개팀 사이의 상대평가

SQUAD & TACTICS

PF 제이슨 테이텀 뱀 아데바요
C 조엘 엠비드 앤소니 데이비스
SF 르브론 제임스 케빈 듀란트
SG 데빈 부커 앤소니 에드워즈 데릭 화이트
PG 스테픈 커리 드루 할러데이 타이리스 할리버튼

Steve KERR 스티브 커

생년월일 : 1965.09.27
출생지 : 레바논 베이루트

현역 시절, 시카고와 샌안토니오에서 총 5차례 우승했다. 당시 필 잭슨, 그렉 포포비치 등 명예의 전당에 오른 명장들로부터 많은 것을 배웠다. 은퇴 후 TNT에서 해설자로 일하다가 2004년 피닉스 단장으로 부임해 6년을 보냈다. 2010년 단장을 그만두고 다시 해설자로 돌아갔고, 2014년 골든스테이트 감독으로 부임했다. 그는 첫 시즌에 팀을 우승으로 이끈 것을 비롯해 5년 연속 NBA 파이널 진출을 이끌었다. 또한, 4번의 우승 트로피를 안기며 '왕조'를 건설했다. 2024 파리 올림픽 미국 남자농구 대표팀 감독으로 금메달을 획득했다.

Player's Functions

Ball Handlers
D.할러데이
S.커리
L.제임스

Pull-Ups
L.제임스
K.듀란트
A.에드워즈

Catch & Shoot
L.제임스
K.듀란트
S.커리

3 Pointers
S.커리
D.부커
K.듀란트

Slam Dunkers
A.에드워즈
L.제임스
J.엠비드

Free Throw
S.커리
K.듀란트
A.데이비스

Rebounders
A.데이비스
L.제임스
J.테이텀

1-1 Defenders
J.할러데이
J.엠비드
B.아데바요

Ball Stealers
D.화이트
A.에드워즈
A.데이비스

Key Passes
L.제임스
J.할러데이
D.부커

Hustle Players
A.데이비스
J.테이텀
S.커리

Rim Protectors
A.데이비스
J.엠비드
D.화이트

항목 & 평점

TS	MS	3PS	FT	LU	DK	ID	OD	ST	BL	ORG	OR3	ORB	DRG	DR3	DRB	PS	BH	BQ	SP	PO	ED	HS	OG
터프샷 성공률	중거리 슈팅	3점 슈팅	자유투 성공률	레이업 플로터	덩크	안쪽 수비	외곽 수비	스틸	블락	가드 공격RB	SF 공격RB	빅맨 공격RB	가드 수비RB	SF 수비RB	빅맨 수비RB	패스	볼 핸들링	농구 IQ	스피드 민첩성	파워	지구력	허슬 플레이	종합 평가

G 4 — Stephen CURRY 스테픈 커리 · PG-SG

1988.03.14 / 188cm / 2009 드래프트 1R-7

올-NBA 서드팀 / 클러치 플레이어상 / 올스타전 출전
득점 9위

2023-24 골든스테이트 74경기 평균 32.7분

항목	PTS	RB	AS	ST	BL
경기 평균	26.4	4.5	5.1	0.7	0.4
36분 기준	29.1	4.9	5.6	0.8	0.4

항목	TS	MS	3PS	FT	LU	DK	ID	OD	ST	BL
평점	A+	A-	A+	A-	A	D-	D-	C	D	C

항목	ORG	DRG	PS	BH	BQ	SP	PO	ED	HS	OG
평점	D-	B	A	A+	A-	B	D-	A+	A+	A

G 5 — Anthony EDWARDS 앤소니 에드워즈 · SG

2001.08.05 / 193cm / 2020 드래프트 1R-1

시즌 MVP 투표 7위 / 올-NBA 세컨드팀 / 클러치 플레이어상 8위
올스타전 출전

2023-24 미네소타 79경기 평균 35.1분

항목	PTS	RB	AS	ST	BL
경기 평균	25.9	5.4	5.1	1.3	0.5
36분 기준	26.6	5.6	5.3	1.3	0.5

항목	TS	MS	3PS	FT	LU	DK	ID	OD	ST	BL
평점	A	B+	B+	A	B	A	A	B+	B+	C

항목	ORG	DRG	PS	BH	BQ	SP	PO	ED	HS	OG
평점	D-	B+	C	B	B+	A-	D-	A+	A-	A

F 6 — LeBron JAMES 르브론 제임스 · SF-PG

1984.12.30 / 206cm / 2003 드래프트 1R-1

올-NBA 서드팀 / 클러치 플레이어상 투표 10위 / 올스타전 출전
리바운드 3위 / 어시스트 5위

2023-24 LA 레이커스 71경기 평균 35.3분

항목	PTS	RB	AS	ST	BL
경기 평균	25.7	7.3	8.3	1.3	0.5
36분 기준	26.2	7.4	8.5	1.3	0.5

항목	TS	MS	3PS	FT	LU	DK	ID	OD	ST	BL
평점	B+	C+	B	C-	A+	B+	C+	C+	B-	B-

항목	ORG	DRG	PS	BH	BQ	SP	PO	ED	HS	OG
평점	D	C+	A-	B+	A-	B+	B+	A+	A-	A

F 7 — Kevin DURANT 케빈 듀란트 · SF-PF

1988.09.29 / 211cm / 2007 드래프트 1R-2

시즌 MVP 투표 9위 / 올-NBA 세컨드팀 / 올스타전 출전
득점 5위

2023-24 피닉스 75경기 평균 37.2분

항목	PTS	RB	AS	ST	BL
경기 평균	27.1	6.6	5.0	0.9	1.2
36분 기준	26.2	6.4	4.9	0.9	1.2

항목	TS	MS	3PS	FT	LU	DK	ID	OD	ST	BL
평점	A+	A+	A-	B+	A	B	C	B	D+	C+

항목	ORG	DRG	PS	BH	BQ	SP	PO	ED	HS	OG
평점	D-	C-	C+	A-	A-	B-	D-	A	A-	A

G 8 — Derrick WHITE 데릭 화이트 · SG-PG

1994.07.02 / 193cm / 2017 드래프트 1R-29

NBA 파이널 우승 / 올-디펜시브 세컨드팀 / 올해의 수비선수상 8위

2023-24 보스턴 73경기 평균 32.6분

항목	PTS	RB	AS	ST	BL
경기 평균	15.2	4.2	5.2	1.0	1.2
36분 기준	16.7	4.7	5.7	1.1	1.3

항목	TS	MS	3PS	FT	LU	DK	ID	OD	ST	BL
평점	A	B	B	B+	B	D-	D-	A-	C	B-

항목	ORG	DRG	PS	BH	BQ	SP	PO	ED	HS	OG
평점	D	C	B+	B+	A-	B+	D-	B	A	B+

G 9 — Tyrese HALIBURTON 타이리스 할리버튼 · PG-SG

2000.02.29 / 196cm / 2020 드래프트 1R-12

올-NBA 서드팀 / 기량 발전상 투표 9위 / 올-NBA 서드팀
어시스트 1위 / 효율성 8위

2023-24 인디애나 68경기 평균 32.2분

항목	PTS	RB	AS	ST	BL
경기 평균	20.1	3.9	10.9	1.2	0.7
36분 기준	22.5	4.4	12.2	1.3	0.8

항목	TS	MS	3PS	FT	LU	DK	ID	OD	ST	BL
평점	A+	A	B+	A-	C	D-	C+	B-	D	

항목	ORG	DRG	PS	BH	BQ	SP	PO	ED	HS	OG
평점	D-	D+	A+	A-	B-	A	A	A-	A	

F 10 — Jayson TATUM 제이슨 테이텀 · SF-PF

1998.03.03 / 203 cm / 2017 드래프트 1R-3

NBA 파이널 우승 / 시즌 MVP 투표 6위 / 올-NBA 퍼스트팀
클러치 플레이어상 투표 9위 / 올스타전 출전 / 득점 7위
윈셰어 10위

2023-24 보스턴 74경기 평균 35.7분

항목	PTS	RB	AS	ST	BL
경기 평균	26.9	8.1	4.9	1	0.6
36분 기준	27.0	8.2	5.0	1.0	0.6

항목	TS	MS	3PS	FT	LU	DK	ID	OD	ST	BL
평점	A	A+	B+	C+	A	A-	B-	B+	C-	D

항목	OR3	DR3	PS	BH	BQ	SP	PO	ED	HS	OG
평점	D-	A	B+	B+	C	A	A+	A		

C 11 — Joel EMBIID 조엘 엠비드 · C

1994.03.16 / 213cm / 2014 드래프트 1R-3

올스타전 출전

2023-24 필라델피아 39경기 평균 33.6분

항목	PTS	RB	AS	ST	BL
경기 평균	34.7	11.0	5.6	1.2	1.7
36분 기준	37.2	11.8	6.0	1.3	1.8

항목	TS	MS	3PS	FT	LU	DK	ID	OD	ST	BL
평점	A	A+	B-	B+	B+	A-	A-	D+	B-	B+

항목	ORB	DRB	PS	BH	BQ	SP	PO	ED	HS	OG
평점	B-	A	C	D-	B+	D+	A	A	A-	A

G 12 — Jrue HOLIDAY 드루 할러데이 · PG-SG

1990.06.12 / 193cm / 2009 드래프트 1R-17

NBA 파이널 우승 / 올-디펜시브 세컨드팀 / 올해의 수비선수상 6위

2023-24 보스턴 69경기 평균 32.8분

항목	PTS	RB	AS	ST	BL
경기 평균	12.5	5.4	4.8	0.9	0.8
36분 기준	13.7	5.9	5.3	1.0	0.8

항목	TS	MS	3PS	FT	LU	DK	ID	OD	ST	BL
평점	B+	B	B+	B+	B	D+	D+	A+	C-	D

항목	ORG	DRG	PS	BH	BQ	SP	PO	ED	HS	OG
평점	B-	B	B	B+	B-	D-	D-	A-	A	B+

C 13 — Bam ADEBAYO 뱀 아데바요 · C-PF

1997.07.18 / 206cm / 2017 드래프트 1R-14

올-NBA 디펜시브 퍼스트팀 / 올해의 수비선수상 3위 / 올스타전 출전

2023-24 마이애미 71경기 평균 34.0분

항목	PTS	RB	AS	ST	BL
경기 평균	19.3	10.4	3.9	1.1	0.9
36분 기준	20.4	11.0	4.1	1.2	1.0

항목	TS	MS	3PS	FT	LU	DK	ID	OD	ST	BL
평점	A+	C-	C-	B-	B-	B	A-	B-	C+	C-

항목	ORB	DRB	PS	BH	BQ	SP	PO	ED	HS	OG
평점	D	B+	C-	D+	C	C	B	A-	A-	B+

C 14 — Anthony DAVIS 앤소니 데이비스 · PF-C

1993.03.11 / 208cm / 2012 드래프트 1R-1

올-NBA 세컨드팀 / 올-디펜시브 퍼스트팀 / 올해의 수비선수상 4위
올스타전 출전 / 블락 4위 / 효율성 5위 / 윈셰어 6위

2023-24 LA 레이커스 76경기 평균 35.5분

항목	PTS	RB	AS	ST	BL
경기 평균	24.7	12.6	3.5	1.2	2.3
36분 기준	25.0	12.8	3.5	1.2	2.4

항목	TS	MS	3PS	FT	LU	DK	ID	OD	ST	BL
평점	A-	C+	C-	B-	B	A-	A	B	C+	A-

항목	ORB	DRB	PS	BH	BQ	SP	PO	ED	HS	OG
평점	C	A	D-	C	B+	C+	A-	A+	A+	A

G 15 — Devin BOOKER 데빈 부커 · SG-PG

1996.10.30 / 198cm / 2015 드래프트 1R-13

올-NBA 서드팀 / 올스타전 출전 / 득점 6위

2023-24 피닉스 68경기 평균 36.0분

항목	PTS	RB	AS	ST	BL
경기 평균	27.1	4.5	6.9	0.9	0.4
36분 기준	27.1	4.5	6.9	0.9	0.4

항목	TS	MS	3PS	FT	LU	DK	ID	OD	ST	BL
평점	A+	A	B+	A-	A	C	D-	C+	D+	D-

항목	ORG	DRG	PS	BH	BQ	SP	PO	ED	HS	OG
평점	D	D+	A	A-	A-	B-	D	A	A	A-

MATCH SUMMARY 커리의 미친 3점슛 퍼레이드, 해피엔딩으로 폐막

2024 파리 올림픽에는 르브론 제임스, 스테픈 커리, 케빈 듀란트 등 '전설의 3총사'가 의기투합했다. 그리고 그 결과는 해피엔딩이었다.

예선 첫 경기 상대는 '난적' 세르비아였다. 미국은 1쿼터부터 주도권을 놓치지 않았고, 무난하고 안정감 있게 레이스를 펼쳤다. 결국 110-84로 승리했다. 듀란트 23점, 앤소니 데이비스 8리바운드, 제임스 9어시스트로 각 부문 1위였다. 세르비아에서는 니콜라 요키치가 20점 8어시스트, 보그단 보그다노비치가 6리바운드를 기록했다.

2차전 상대는 남수단. 이 팀과는 올림픽이 열리기 직전 A매치를 치른 적이 있다. 당시 미국은 롱 2와 3점 슛을 앞세운 남수단에게 거의 질 뻔했다. 스티브 커 감독은 남수단의 중장거리 슛을 틀어막는 데 전력을 기울였다. 미국의 전략은 성공을 거뒀고, 시종일관 리드하며 106-83으로 완승했다.

푸에르토리코를 상대로 치른 예선 3차전은 1쿼터에서 25-29로 밀리며 불안하게 출발했다. 그러나 2쿼터에서 39-16으로 런(run)을 하며 점수 차를 벌렸고, 그 상태가 끝까지 유지됐다. 앤소니 에드워즈가 26점, 제이슨 테이텀이 10리바운드, 제임스가 8어시스트로 선전했다.

브라질과의 8강전은 미국의 122-87 대승이었다. 데빈 부커가 18점을 올리며 공격을 이끌었고, 데이비스는 8리바운드로 보드를 장악했다. 브라질에서는 카보클루가 30점을 넣었다.

준결승은 세르비아와의 리턴 매치였다. 세르비아는 지역방어, 트윈 타워, 빅맨 스위치 등 다양한 전술을 구사했다. 이 전술이 통한 데다 3점슛까지 폭발하며 3쿼터까지 미국을 압도했다.

그러나 미국에는 커리가 있었다. 이전 경기까지 아쉬운 경기력을 보였던 그는 그동안의 부진을 한꺼번에 만회하듯, 3점 9개를 포함해 36점을 폭풍처럼 쏟아냈다. 여기에 제임스는 16점 12리바운드 10어시스트 트리플 더블을 기록했다. 미국은 95-91, 역전승을 거뒀다.

세르비아에서는 에이스 요키치의 파울 트러블이 너무 아쉬웠다.

미국과 프랑스의 결승전은 4년 전 도쿄 올림픽 결승전의 리턴 매치였다. 2쿼터 중반까지만 해도 어느 팀도 크게 앞서가지는 못했다.

그러나 미국의 외곽 공격은 꾸준했고, 프랑스의 경기력이 떨어지면서 차이가 점점 벌어졌다. 그나마 프랑스를 이끌던 빅터 웸반야마의 퍼포먼스에 힘입어 3쿼터를 6점 차로 마무리하는 저력을 보였다. 거기에 4쿼터 후반이 될수록 미국의 집중력이 흐트러졌고, 커리의 턴오버와 야투 미스가 겹치며 3점 차까지 따라붙었다.

하지만, 커리는 실책을 만회하려는 듯 경기 막판 '미친 3점 슛'을 4방이나 꽂아버렸다. 그것으로 판이 결정됐다. 미국의 98-87 승.

미국은 이 대회에서 릅커듀 트리오의 '스타 파워'를 제대로 느꼈다. 역대급 선수 3명이 같은 팀 유니폼을 입고 코트를 누빈 꿈같은 일이 현실로 나타난 것이다. 이제 4년 후 LA 올림픽에선 이들의 모습을 보기 어려울 것이다. 정말 멋진 '라스트 댄스'였다.

2024 OLYMPIC PERFORMANCE

USA NATIONAL TEAM vs. OPPONENTS PER GAME STATS

미국 vs 상대국

	득점	필드골성공 F↑	필드골 % FG%	3점슛성공 3↑	3점슛 % 3P%	자유투성공 FT%	자유투 %	공격리바운드 OR	리바운드 RB	어시스트 A↑	스틸	블락	턴오버	파울

105.3	86.3	F↑ 39.3 / 32.8	FG% 55.4% / 43.1%	3↑ 14.8 / 11.0	3P% 46.1% / 31.6%	FT% 78.0% / 73.4%

9.0 OR 12.7	39.8 RB 37.3	28.0 A↑ 20.3	9.3 ●● 7.8	5.2 ● 1.3	13.5 ↩ 13.8	14.5 ◆ 17.8

2024 PARIS OLYMPIC RESULT

2024.07.28(일)	1Q	2Q	3Q	4Q	T	FG	3P	FT	RB	AS
미국	25	33	26	26	**110**	43-69	18-32	6-10	39	24
세르비아	20	29	16	19	**84**	31-74	9-37	13-17	32	18

미국 최다 : K.듀란트 23점 / A.데이비스 8RB / L.제임스 9AS
세르비아 최다 : N.요키치 20점 / B.보그다노비치 6RB / N.요키치 8AS

2024.07.31(수)	1Q	2Q	3Q	4Q	T	FG	3P	FT	RB	AS
남수단	14	22	21	29	**83**	32-76	11-29	11-12	41	17
미국	26	29	18	30	**106**	37-70	13-30	16-20	36	29

남수단 최다 : A.오모 24점 / W.가브리엘 10RB / C.존스 7AS
미국 최다 : B.아데바요 18점 / A.데이비스, L.제임스, B.아데바요 7RB / D.부커 6AS

2024.08.03(토)	1Q	2Q	3Q	4Q	T	FG	3P	FT	RB	AS
미국	25	39	23	17	**104**	40-81	9-32	15-20	48	30
푸에르토리코	29	16	14	24	**83**	35-88	10-37	3-6	51	20

미국 최다 : A.에드워즈 26점 / J.테이텀 10RB / L.제임스 8AS
푸에르토리코 최다 : J.알바라도 18점 / I.로메로 10RB / G.콘디트4세 5AS

2024.08.06(화)	1Q	2Q	3Q	4Q	T	FG	3P	FT	RB	AS
미국	33	30	31	28	**122**	45-78	15-31	17-19	46	31
브라질	21	15	35	16	**87**	32-77	12-37	11-15	34	24

미국 최다 : D.부커 18점 / A.데이비스 8RB / L.제임스
브라질 최다 : B.카보클루 30점 / 제르지뉴 8RB / L.메인들 7AS

2024.08.08(목)	1Q	2Q	3Q	4Q	T	FG	3P	FT	RB	AS
세르비아	31	23	22	15	**91**	33-71	15-39	10-12	34	22
미국	23	20	20	32	**95**	35-61	16-32	9-14	33	25

미국 최다 : S.커리 36점 / L.제임스 12RB / L.제임스 10AS
세르비아 최다 : B.보그다노비치 20점 / F.페트루셰프, N.요키치, M.밀루티노프 5RB / N.요키치 11AS

2024.08.10(토)	1Q	2Q	3Q	4Q	T	FG	3P	FT	RB	AS
프랑스	15	26	25	21	**87**	34-71	9-30	10-17	33	21
미국	20	29	23	26	**98**	36-67	18-36	8-8	37	29

프랑스 최다 : V.웸반야마 26점 / N.바툼 8RB / N.바툼 4AS
미국 최다 : S.커리 24점 / A.데이비스 9RB / L.제임스 10AS

PLAYER STATS PER GAME

PLAYERS	G-GS	MP	FG	FGA	FG%	3P	3PA	3P%	2P	2PA	2P%	FT	FTA	FT%	ORB	DRB	TRB	AST	STL	BLK	TOV	PF	PTS
Stephen Curry	6-6	23.3	5.0	10.0	0.500	3.7	7.7	0.478	1.3	2.3	0.571	1.2	1.2	1.000	0.3	2.8	3.2	2.5	0.7	0.0	1.7	1.3	**14.8**
LeBron James	6-6	24.5	5.9	8.9	0.660	0.7	2.2	0.308	5.2	6.7	0.775	1.8	2.5	0.773	0.5	6.3	6.8	8.5	1.3	0.3	4.0	1.7	**14.2**
Kevin Durant	6-1	22.2	4.5	8.3	0.540	2.3	4.5	0.519	2.2	3.8	0.565	2.5	2.7	0.938	0.5	2.7	3.2	2.3	1.0	0.2	1.0	1.2	**13.8**
Anthony Edwards	6-1	16.3	4.8	8.4	0.580	2.0	4.2	0.480	2.8	4.2	0.680	1.2	2.0	0.583	0.3	2.5	2.8	1.2	1.3	0.3	1.7	0.8	**12.8**
Devin Booker	6-6	22.0	4.2	7.3	0.568	2.2	3.8	0.565	2.0	3.5	0.571	1.2	1.5	0.778	1.2	1.5	2.7	3.3	0.5	0.0	0.5	2.0	**11.7**
Joel Embiid	5-5	16.8	4.2	7.4	0.568	1.2	2.2	0.545	3.0	5.2	0.577	1.6	2.2	0.727	0.6	3.2	3.8	1.4	0.2	0.2	1.0	1.8	**11.2**
Anthony Davis	6-1	16.6	3.4	5.3	0.625	0.2	0.3	0.500	3.2	5.0	0.633	1.5	1.8	0.818	2.7	4.0	6.7	2.0	1.2	1.5	0.5	2.2	**8.3**
Jrue Holiday	5-3	18.8	3.0	5.4	0.556	1.6	3.2	0.500	1.4	2.2	0.636	0.0	0.0	—	0.2	1.6	1.8	3.6	0.4	0.6	1.0	1.0	**7.6**
Bam Adebayo	6-0	16.1	2.7	5.0	0.533	0.5	1.5	0.333	2.2	3.5	0.619	0.2	0.5	0.500	1.5	2.2	3.7	1.3	0.8	0.3	1.2	1.2	**6.0**
Jayson Tatum	4-3	17.7	2.0	5.3	0.381	0.0	1.0	0.000	2.0	4.3	0.471	1.3	1.5	0.833	1.3	4.0	5.3	1.5	1.0	0.5	0.5	0.8	**5.3**
Derrick White	5-0	15.8	1.4	3.4	0.412	0.8	2.6	0.308	0.6	0.8	0.750	0.2	0.4	0.500	0.2	1.2	1.4	1.6	1.0	1.0	0.4	1.4	**3.8**
Tyrese Haliburton	3-0	8.8	1.0	1.6	0.600	0.7	1.3	0.500	0.3	0.3	1.000	0.0	0.0	—	0.0	0.7	0.7	0.3	0.0	0.3	0.3	1.0	**2.7**

TEAM 1992

TEAM 2024

假想對決

'드림팀과 어벤저스팀의 대결.' 전 세계 NBA 팬들은 현재 둘로 나뉘었다. 1992 바르셀로나 올림픽 금메달을 획득한 '드림팀'과 2024 파리 올림픽에서 정상에 오른 '어벤저스팀'이 맞붙으면 누가 이길 까로 말이다. 팬, 언론, 농구인들 모두 각자의 생각을 토대로 치열하게 논쟁을 벌이는 중이다. 마이클 조던, 매직 존슨, 찰스 바클리의 '드림팀'과 르브론 제임스, 스테픈 커리, 케빈 듀란트의 '어벤저스팀.' 두 팀 모두 농구 역사상 가장 강한 팀인 건 분명한 사실이다. 과연 어느 팀이 더 강한 팀일까. 'NBA 스카우팅 리포트'에서 그 결론을 내리겠다. 혹시 각자의 의견과 다르다고 너무 속상해하거나 안타까 워하지 말기 바란다.

어느 팀이 더 강한가
DREAM TEAM vs AVENGERS TEAM

미국 남자 농구대표팀은 1992년 바르셀로나 올림픽부터 NBA 선수들이 출전하기 시작했다. 이 때문에 남자 농구는 올림픽마다 가장 큰 관심을 끄는 종목이 되었다. 그들은 거의 팝스타나 헐리우드 배우같은 취급을 받았다. 미국의 NBA 스타들은 총 9차례 올림픽에 출전해 금메달 8개, 동메달 1개를 따냈다. 그 9개 팀 중에서 가장 큰 화제를 모은 팀들은 1992년 바르셀로나 올림픽에 출전했던 '드림팀'과 2024 파리 올림픽에 참가했던 '어벤저스팀'이다. 만약 두 팀이 붙는다면 어느팀이 이길까.

끝없는 논쟁 USA 1992 vs. USA 2024 ——

2024 파리 올림픽에서 미국 남자농구대표팀이 우승했다. 미국은 이로써 농구가 올림픽 정식 종목이 된 1936년부터 2024년까지 총 17개의 금메달을 목에 걸었다(은메달 1개, 동메달 2개). 그야말로 압도적이다.

NBA 올스타가 참가하기 시작한 1992년부터 따지면 금메달 8개와 동메달 1개다. 유일하게 동메달에 그친 건 2004년 아테네 올림픽 때였다.

파리 올림픽은 매우 의미가 큰 대회였다. NBA 전설의 3총사 르브론 제임스, 스테픈 커리, 케빈 듀란트가 한 팀에서 뛴 전무후무한 역사를 만들었다. 이들은 30대 중후반의 나이에도 젊은 선수 못지않은 완벽한 기량을 발휘하면서 세계 최강 미국 농구의 힘을 다시 한번 보여주었다. 살아있는 전설들의 아름다운 무대였다.

그런데, 파리 올림픽이 개막하기 전은 물론이고, 끝난 지 한참 된 현재까지도 뜨거운 논쟁 하나가 남아 있다. 바로 이 팀과 1992년 바르셀로나 올림픽에 참가했던 대표팀과의 비교다. 과연 어느 팀이 역대 가장 강한 팀일까 하는 논쟁이다.

흔히들 "드림팀과 어벤저스팀의 대결"이라고 부른다. 각계각층마다 의견이 다르다. 마이클 조던, 매직 존슨과 함께 뛰었던 선수들은 대부분 드림팀의 손을 들어준다. 르브론 제임스, 스테픈 커리와 경쟁했던 선수들은 어벤저스팀에 점수를 더 후하게 준다. 40대 이상 숭상년 팬들은 드림팀이 더 강하다고 하고, 20, 30대 젊은 팬들은 어벤저스 팀의 실력이 낫다고 강조한다.

사실, 이건 정답이 없다. 타임머신을 타고 1992년 팀이 2024년으로 날아오던가, 아니면 2024년 팀이 1992년으로 돌아가서 직접 승패를 가리지 않는 한, 결론은 나지 않는다. 그럼에도 농구 팬들의 호기심, 언론의 자극적인 보도, 유튜버들의 '떡밥'이 어우러지며 논쟁이 계속 증폭됐다. 과연 어느 팀이 역대 최강일까.

시대 보정 없는 단순 비교는 무의미 ——

시대가 다른 팀 또는 선수를 비교할 때 가장 중요한 게 바로 시대 보정이다. 이걸 하지 않는다면 비교 자체가 무의미해진다.

조던 시대와 르브론의 시대는 경기 룰, 트렌드, 물리 치료를 비롯한 피지컬 트레이닝, 출전 시간, 로테이션 방법 등 하나부터 열까지 모두 다르다. 그런데 비교를 할 때는 꼭 과거의 팀을 타임머신에 태워 현재로 데려온다. 그러면서도 그 선수들에게는 현대 시대에서 받을 수 있는 여러 가지 혜택은 주지 않고 과거에 머무르게 한다. 이렇게 정확한 비교가 가능할까? 절대 불가능하다.

그럼 반대로 물어보자. 현재의 선수들을 타임머신에 태우고 과거로 데려가는 건 안 되는 건가?

비교를 하려면 과거의 선수들이 가지고 있던 신체, 운동능력, BQ를

그대로 간직한다는 전제 아래 타임머신에 태워 현대로 데려온 다음, 현대 농구의 트렌드에 맞춰서 트레이닝을 하고 경기에 나갈 것이라는 가정이 필요하다. 다양한 현대 과학의 혜택을 받아야 함은 물론이다.

선수들의 신체, 운동능력, 기술은 얼마나 발전했나

이건 가장 본질적인 질문이다. 정확히 따져봐야 한다.

우선 NBA 선수들의 평균 체격을 비교해보자. 1992년엔 6피트 7인치

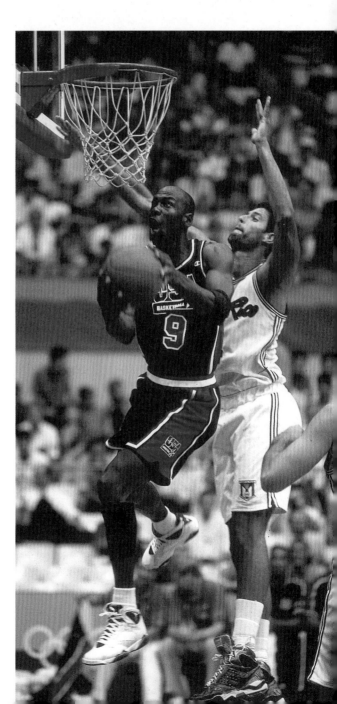

과거와 현재의 스타급 선수들을 비교할 때는 결국, 동영상을 보고 판단할 수밖에 없다. 과연 개인 기술이 그렇게 많이 차이가 날까?

턴어라운드슛, 페이드어웨이슛, 스텝백 점퍼, 풀업 점퍼, 훅슛, 뱅크슛, 레이업, 플로터, 핑거롤, 덩크, 팁인, 크로스오버 드리블, 레그 드리블, 비하인드 드리블, 비하인드 백패스, 노룩 패스 등등. 이런 기술들에 그렇게 차이가 많이 난다고 확신할 수 있을까?

물론, 차이가 나 보일 수는 있다. 왜냐하면 동영상(특히 유튜브)의 퀄리티에 차이가 나기 때문이다. 30년 전 화면은 소위 '구린' 화면이다. 촌스러워 보인다. 요즘엔 유튜브 동영상이 4K로 나오는 시대다. 화질의 차이가 마치 기술의 차이처럼 보이는 것이다. 착시다. 만약 과거의 선수와 현대의 선수를 모니터 상에서 컴퓨터 게임으로만 본다면 거의 차이가 없을 것이다. 같은 화질에서 구현되는 것이니까.

선수들의 기량이 매년 조금씩 발전하는 건 사실이다. 하지만 그 발전 속도 그래프는 갈수록 기울기가 완만해진다. 수학 그래프로 비교하면 기량 발전 정도는 $y=x$가 아니라 $y=\sqrt{x}$ 그래프처럼 된다. 초창기에는 급격히 발전하지만, 일정 시점이 지나면 그 발전 속도는 매우 완만해진다. 선수들의 기량 상승 곡선은 1980년대 말 ~ 1990년대 초 특정시점을 지나 이미 평평한 상태, 아니면 아주 완만한 상태가 되었다. 과학기술은 무한히 발전할 수 있지만, 인간의 신체, 운동능력, 기술 발전 속도는 어느 정도 한계가 있을 수밖에 없다.

팀의 전술은 발전이 아니라 룰에 맞게 변화한 것 —

그리고, 팀의 전술과 관련해서도 잘못 인식하고 있는 부분이 있다. 흔히들 "30년 전과 비교해 현대 농구 전술은 엄청 발전했다"라고 말한다. 그러나 이건 정확한 분석은 아니다. 전술이 발전했다기보다는 룰의 변화, 경기 운영 형태의 변화에 맞춰 전술이 바뀌었다고 보는 게 맞다.

NBA는 1994-95시즌부터 강력한 수비가 판을 치며 두 자릿수 득점 시대로 접어들었다. 상대 에이스를 봉쇄하기 위해 과격한 파울도 서슴지 않았다.

그래서 NBA는 득점을 높이기 위한 여러 가지 방법을 강구했다. 노 차지존을 신설하고, 핸드체킹을 더욱 엄격하게 금지했으며, 트레블링에 관대해졌다. 요즘 유행하는 게더스텝은 사실 1990년대였다면 무조건 트레블링이다.

NBA의 이런 노력에 발맞춰 각 팀도 공격을 극대화시키는 전술로 점차 변화를 줬다. 하루아침에 이뤄진 것이 아니라 조금씩 변화를 주다 보니 15~20년이 지난 현재는 상전벽해(桑田碧海)처럼 느껴지는 것이다.

과거의 팀이 타임머신을 타고 현대로 날아온 다음, 현대의 트렌드에 맞춰 꾸준히 훈련을 하면, 그에 적응했을 것이다. 과거 중거리슛이 정확했던 하킴 올라주원이나 칼 말론이 3점슛을 엄청나게 연습했다면 오늘날 빅맨들처럼, 아니면 그들보다 3점슛을 더 잘 던졌을

(200cm), 210파운드(95kg)였고, 2024년엔 6피트 7인치(200cm), 216파운드(98kg)이다. 3kg 차이가 농구 승패에 무슨 영향을 미치나. 체급 경기도 아닌데.

선수들의 점프력? 스피드? 거의 차이 없다. 농구 선수들이 우사인 볼트나 타이슨 게이처럼 100m를 전력 질주하는 게 아니다. 코트에서 아주 짧은 거리를, 그것도 볼을 들고 움직이거나, 전술을 위해 오프-볼 움직임(커팅, 스크린, 도움 수비 등등)을 가져가는데 그게 30년 전 선수와 현재 선수 사이에 얼마나 큰 스피드 차이가 있을까. 없다.

선수들의 실력과 팀 전술이 발전했다는 의견은 또 어떤가.

것이다.

반대로, 조엘 엠비드가 타임머신을 타고 과거로 가서, 골 밑에서 비비는 훈련을 많이 했다면, 패트릭 유잉이나 데이비드 로빈슨처럼 훌륭한 포스트 플레이어가 됐을 것이다.

최고의 팀 논쟁 때마다 나오는 일반화의 오류 —

드림팀과 어벤저스팀을 주제로 논쟁을 벌일 때 정말 큰 오류가 나온다. 바로 일반화의 오류다. 소수의 의견을 인용해서 마치 그것이 정답인 것처럼 말하는 것 말이다.

"선수 출신 A는 드림팀이 역대 최고라고 했다"라거나 "감독 B는 어벤저스팀이 더 강할 것이라고 했다"라면서 특정인이 한 말을 인용한 다음, "그러니 어느 팀이 더 강하다" 이런 식으로 논리를 전개한다. 이건 본인의 생각을 미리 정해놓고, 그에 맞는 전문가의 말만 따다가 인용하며 논리를 전개해나가는 방법이다.

그것보다는 차라리 "내 생각에는 드림팀이 더 강한 것 같다"라던가 "나는 어벤저스 팀이 더 세다고 판단한다"처럼, 본인의 주장임을 정확히 표현하는 것이 타당하다. 최고의 팀 논쟁을 할 때 특정 전문가 몇 명(본인의 의견과 같은 생각을 가지고 있는)의 말만 인용한 다음, 그래서 "내가 맞고 네가 틀리다" 이렇게 토론을 한다면 말싸움만 일어날 것이다.

시대별 룰에 따라 승패가 갈릴 것 ———

드림팀 시대와 어벤저스팀 시대는 룰 자체가 다르다. 룰이 다르니 그에 맞춰 선수들의 공격 스타일, 동선, 수비 방법, 감독의 전술 운용, 심판이 휘슬을 부는 형태도 달라질 것이다.

결론은 룰에 따라 승패가 갈리리라는 것이다.

먼저 1992년의 룰로 붙여보자. 노차징 존이 없고 3점 라인은 더 가깝다. 수비수의 핸드체킹에 관대하고, 몸싸움을 어느 정도 용인해준다. 게더스텝은 트레블링이다. 공인구는 스폴딩을 사용한다.

이 상태라면 미드레인지 득점력, 골밑 싸움에서 드림팀이 압도적인 우세를 보이면서 비교적 쉽게 이길 것이다. 무엇보다도 마이클 조던의 닥돌 돌파와 페이드어웨이슛을 막기는 거의 불가능해 보인다.

어벤저스팀의 3점포를 막기 위해 조던이 커리를, 피펜이 듀란트를, 말론 또는 바클리가 르브론을 막는다. 1992년의 룰에서는 이들이 어벤저스의 3점슛을 어느 정도는 제어할 수 있다.

칼 말론, 찰스 바클리의 골밑 파워 플레이를 어벤저스 포워드들이 감당하기 쉽지 않다. 패트릭 유잉과 데이비드 로빈슨의 골밑은 어벤저스 팀을 압도할 것이다.

이번엔 2024년의 룰로 경기를 한다고 가정하자. 노차징 존이 있고, 3점 라인은 멀다. 수비수들의 핸드체킹을 엄격히 규제하고, 몸싸움에 대해서도 강력히 휘슬을 분다. 게더스텝을 인정한다. 공인구는 윌

슨을 사용한다.

이 룰로 경기를 한다면 당연히 어벤저스팀이 넉넉하게 승리할 것이다. 고정 포인트가드 없이 여러 선수가 볼 핸들러를 맡고 연속적이면서 빠른 패스, 활기찬 오프-볼 무브로 기회를 만든다.

두 팀이 3점포 대결을 벌이면 스티브 커, 케빈 듀란트의 폭격을 드림팀이 견디기 어렵다. 천하의 조던, 피펜이라도 2024년의 룰에서는 코트를 훨씬 넓게 사용해야 하기에 체력 소모는 더 심해질 것이고, 드림팀 때처럼 강력한 수비를 하는 데는 제약이 있다.

르브론이 트레블링에 걸리지 않고 과감하게 '롭탕탕'을 시도하며 밀고 올라가면 정말 피곤해진다. 자유투를 많이 얻어낼 테니까.

드림팀 룰로 하면 드림팀이 이기고, 어벤저스팀 룰로 하면 어벤저스팀이 이긴다는 이런 결론은 좀 허무하다.

그래도 이게 정답이다. 그리고 이런 결론을 내는 이유는, 두 팀 모두 농구 역사, 나아가 스포츠 역사에 큰 획을 그은 팀들이고, 누구에게나 존중을 받아야 하는 팀이기 때문이다.

그런데 이 두 팀 말고 좋은 팀들이 더 있었다. 코비 브라이언트와 르브론이 합작해 2008, 2012년 연속 금메달을 따낸 리딤팀, 하킴 올라주원, 데이비드 로빈슨, 샤킬 오닐이 출전해 1996년에 우승했던 '트리플 타워팀'도 드림팀, 어벤저스팀과 비교해 결코 밀릴 게 없는 팀들이었다.

역대 최고의 팀은 각자의 마음속에 존재한다. 그냥 열심히 응원하면 된다.

NBA 스카우팅 리포트 2024-25 +
드림팀 히스토리

2024년 10월 17일 1판 1쇄 인쇄 | 2024년 10월 31일 1판 1쇄 발행

지은이 장원구

발행인 황민호 | **콘텐츠4사업본부장** 박정훈
편집기획 신주식 최경민 이예린 | **마케팅** 조안나 이유진
제작 최택순 성시원 | **디자인** 엔드디자인
발행처 대원씨아이(주) | **주소** 서울특별시 용산구 한강대로 15길 9-12
전화 (02)2071-2018 | **팩스** (02)797-1023 | **등록** 제3-563호 | **등록일자** 1992년5월11일
www.dwci.co.kr

ISBN 979-11-7288-942-5 13690